Volker Mehl
Julia Bauer

AYURVEDA GEHT ÜBERALL

Volker Mehl

Julia Bauer

AYURVEDA GEHT ÜBERALL

In 85 Rezepten durch die Heimat

KIEL
ST. PETER-ORDING
STELLSHAGEN
BERLIN
POTSDAM
WUPPERTAL
KASSEL
DRESDEN
MARIA
LAACH
FRANKFURT
REIL
MÜHLTAL
LORSCH
KARLSRUHE
VIECHTACH
BADEN-BADEN
MÜNCHEN

INHALT

WIE ALLES BEGANN …

Einleitung

Was treibt mich eigentlich noch an? Nach mittlerweile vier Ayurveda-Büchern sollte doch alles gesagt sein!? Genau diese Frage habe ich mir vor Beginn der Arbeit an diesem Buch ehrlicherweise schon gestellt. Einerseits ist es meine tiefste Überzeugung von Ayurveda als Gesundheitssystem, andererseits mein ungläubiges Staunen, was sich manche Menschen unter dem Aspekt »gesund« so alles antun. Genau diese beiden Punkte brachten mich schließlich dazu, noch ein weiteres Buch zum Ayurveda zu schreiben. Allerdings bin ich es diesmal ein bisschen anders angegangen … Ich zog einfach los, um bei uns in Deutschland ganz verschiedene Menschen zu treffen, ihre Art zu leben kennenzulernen und einfach zu schauen, wo in ihrem Alltag Ayurveda »versteckt« ist. Denn Ayurveda ist kein abgehobenes, abstraktes Wissen über den Körper oder die Welt, sondern steckt in viel mehr alltäglichen Dingen, als viele glauben. Und gerade in Deutschland, sozusagen vor unserer Haustür, gibt es so viele interessante Typen, die quasi schon einiges an ayurvedischen Grundsätzen »leben«, wahrscheinlich ohne dass es ihnen überhaupt bewusst ist. Das wollte ich mir mal genauer anschauen. Aber der Reihe nach …

Ich kann mich noch genau daran erinnern, als ich 2010 mit meinem damaligen Verleger zusammensaß und wir über »Koch dich glücklich mit Ayurveda« redeten. Wir waren uns nicht sicher, wie das Buch ankommen würde, waren aber beide der Meinung, dass es durchaus sein könnte, dass wir mit diesem Buch der Zeit etwa vier bis fünf Jahre voraus sein könnten. Heute weiß ich, es war eine dramatische Untertreibung – wir waren der Zeit mindestens 25 Jahre voraus! Das ist eines der Mysterien, die ich bis heute nicht verstehe, und genau diese Tatsache ist mein ständiger Antrieb. Ayurveda bietet das ganzheitliche Wissen der Menschheit, und seit Jahrtausenden sind längst schon so viele Fragen beantwortet, man bedient sich dieses Wissens einfach nicht. Stattdessen tun sich viele Menschen gerade im Ernährungsbereich immer noch Dinge an, bei denen sich mir die Nackenhaare aufstellen.

ICH ERLEBE HÄUFIG LEUTE, DIE VERMEINTLICH SUPERGESUND LEBEN, DENEN ES ABER, WENN SIE MAL EHRLICH SIND, NICHT WIRKLICH GUTGEHT.

Vollwertige Rohköstler, die dann mit Anfang 50 vor mir sitzen und sich wundern, warum sie kaum noch Haare auf dem Kopf haben und eimerweise Trockenpflaumen essen müssen, damit sie wenigstens noch zwei- bis dreimal pro Woche aufs Klo gehen können. Veganer, die sich wundern, warum sie nach wochenlangem Verzehr von Zucchini-Spaghetti mit löffelweise Nussmus und Tonnen von Joghurt-Frucht-Mandelmilch-Exzessen zum Frühstück vor lauter Verstopfung kaum noch laufen können.

Hallo Erde an Empfänger! Es gibt nicht per se das gesunde oder ungesunde Essen! Es gibt nur passendes oder unpassendes Essen. Und das ist genau das, was Ayurveda ausmacht.

Manchmal komme ich mir vor wie in einer Zeitschleife: Seit zehn Jahren erzähle ich Tag für Tag das Gleiche und bekomme den Eindruck, nix tut sich. Gut, es ist natürlich auch sehr vermessen zu glauben, man könne mit ein paar Büchern die Welt auf links drehen. Aber ich werde es immer weiter versuchen!

In manchen Köpfen wird sich Widerstand regen, wie der arrogante Volker Mehl es sich herausnehmen kann, festzulegen, was angeblich gut und was böse ist.

Der Witz ist allerdings, das sind ja gar nicht meine Ideen, ich verlasse mich dabei einfach nur auf das älteste ganzheitliche Wissen der Menschheit! Schon vor über 2000 Jahren hat man den Burn-out beschrieben. Das hieß da vielleicht einfach anders. Es gibt komplexe und extrem ausgereifte Therapiemethoden für viele Krankheiten, die uns heute immer noch betreffen. In meinen Augen ist es völlig verrückt, nicht auf dieses Wissen zurückzugreifen!

Aber warum tut man es dennoch nicht? Meiner Erfahrung nach ist es eine tragische Kombination aus Scheu, Unwissenheit und Arroganz.

Scheu und Unwissenheit deshalb, weil Ayurveda noch exotisch, kompliziert und fremdartig klingt. Wir modernen, teilweise arroganten, handyabhängigen Mainstream-Lemminge denken doch ganz oft, »vor sechstausend Jahren, das waren ja noch Wilde, die waren so doof, die konnten ja noch nicht mal schreiben«. Diesbezüglich vertritt man im Ayurveda die genau gegenteilige These: Und zwar geht man davon aus, dass wir alle einmal das Potenzial in uns hatten, 120 Jahre alt zu werden. Unser geistiger Level war so weit entwickelt, dass wir gar nicht schreiben mussten, sondern uns alles merken und mündlich weitergeben konnten. Erst mit fortschreitender geistiger Degenerierung waren wir quasi gezwungen, zu schreiben, und unsere Lebensspanne hat sich immer weiter verkürzt. Ich bin ein großer Fan dieser Theorie, vor allem wenn man sich manchen SMS-Schriftwechsel durchliest, wird diese Idee dramatisch bestärkt.

Aber jetzt genug der Polemik, jetzt geht's raus in die Heimat! Ich will erfahren, was die Menschen hier wirklich über Ayurveda denken und wie viel Ayurveda gibt es schon unter uns, ohne dass wir es wissen.

Also steigt ein und kommt mit auf meine Tour, auf der ich zeigen will:

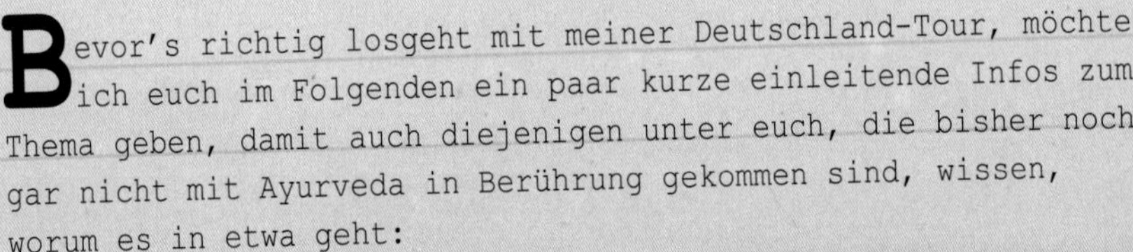

DOSHAS

Erst mal zu Beginn: Bei Ayurveda handelt es sich um ein Verständnis der grundlegenden Zusammenhänge und Geschehnisse in der Natur. Die ayurvedische Lehre geht davon aus, dass die Natur in all ihren feinstofflichen Ausdrucksformen – dazu zählen beispielsweise auch Gedanken und Emotionen – aus den fünf Elementen Feuer, Erde, Wasser, Luft und Äther besteht. Diese Elemente bilden wiederum drei Gruppen mit verschiedenen Eigenschaften, die Einfluss auf den menschlichen Körper und den gesamten Kreislauf der Natur nehmen. So werden sämtliche Vorgänge im gesamten Kosmos, zum Beispiel Verhaltensweisen, Lebensphasen, Tages- und Jahreszeiten, aber auch klimatische und emotionale Einflüsse, bestimmt und gesteuert. Die drei Gruppen werden als *Doshas (Kapha, Pitta und Vata)* bezeichnet – aus dem Sanskrit übersetzt heißt das »das, was verderben kann«. Es sind die drei grundlegenden Lebensenergien der Menschen. Laut der ayurvedischen Lehre entstehen Krankheiten durch eine Unausgewogenheit der äußeren Lebensbedingungen im Verhältnis zu den drei *Doshas*. Diese Störungen können innerhalb einer oder mehrerer Gruppen das Gleichgewicht des Organismus aus der Balance bringen.

Nach der Lehre des Ayurveda wird jeder Mensch mit einer ganz individuellen Konstellation der *Doshas*, der sogenannten *Prakriti*, geboren. Je nach persönlicher Ausprägung sollten Ernährung und auch gesundheitliche Behandlung danach ausgerichtet werden. Somit gibt Ayurveda den Menschen eine Art »Bedienungsanleitung« an die Hand.

Die Charakteristika der drei *Doshas Kapha*, *Pitta* und *Vata* spiegeln sich in den Jahres- und Tageszeiten zyklisch wider. Man unterscheidet im Ayurveda nur drei Jahresphasen:

- Die *Kapha*-Phase beginnt Ende Februar und reicht bis in den Mai.
- Der *Pitta*-Zeitraum umfasst die Monate von Juni bis September.
- Die *Vata*-Periode dauert von Oktober bis Januar.

Das Wetter und die daraus resultierenden Temperaturen wirken sich mit ihren jeweiligen Eigenschaften auf die korrespondierenden *Doshas* im Körper aus. Ayurveda empfiehlt deshalb eine Ernährungs- und Lebensweise, um die Balance der *Doshas* durch den jahreszeitlich bedingten Wechsel zu bewahren.

Hier noch ein paar detailliertere Infos zu den einzelnen Doshas*:*

Kapha ist das, »was die Dinge zusammenhält«. Es wird gebildet durch die Elemente Wasser und Erde. Im Fokus stehen Struktur, Aufbau, Zusammenhalt und Stabilität. Die Eigenschaften, die daraus resultieren, sind schwer, kalt, weich, ölig, süß, stabil sowie schleimig und sorgen für den Aufbau der Gewebe, die Schmierung der Gelenke, aber auch für Widerstandsfähigkeit, Stabilität, Potenz, Zufriedenheit, Fürsorge, Toleranz und Geduld. *Kapha* bildet sich vor allem im Kopfbereich und Rachen, in der Kehle, im oberen Magen, Brustkorb und in den Gelenken und ist in der ersten Lebensphase von der Geburt bis etwa zum 16. Lebensjahr, von morgens 6 bis 10 Uhr bzw. abends von 18 bis 22 Uhr sowie zum Ende des Winters und im Frühling stark ausgeprägt. Es steht für das weibliche Prinzip in der Natur.

Ayurveda praktisch:

Kapha besitzt u. a. die Eigenschaft schleimig. Morgens ist die Tendenz zur Verschleimung weit stärker als zur Mittagszeit und wird zum Ende des Winters noch verstärkt: die typische Zeit für Erkältungen und Frühjahrsmüdigkeit. Bei Kindern tritt dieser Effekt besonders ausgeprägt in Erscheinung. Da *Kapha* eine zusätzliche kalte Eigenschaft aufweist, ist daher eine Tasse heißes Wasser nach dem Aufstehen für den Organismus besser als ein Glas Milch direkt aus dem Kühlschrank.

ERHITZEND: PITTA

***Pitta* charakterisiert das,** »was die Dinge verbrennt oder verdaut«. Es entsteht aus der Kombination von Feuer und Wasser und steht für das erhitzende und abbauende Moment. *Pitta* verfügt über die Eigenschaften leicht ölig, heiß, flüssig, durchdringend, sauer, fließend und scharf.
Es sorgt für eine gut funktionierende Verdauung, für Hunger, Durst, Wärmeproduktion, Sehvermögen, Aussehen und Beschaffenheit der Haut, für Tapferkeit, Aggression und Intelligenz.
Pitta sitzt vor allem im Oberbauch, in den Verdauungsorganen, im Dünndarm, in der Haut, im Schweiß, im Blut und in den Augen. Besonders stark ist *Pitta* zwischen dem 16. und 45. Lebensjahr, von 10 bis 14 Uhr, von 22 bis 2 Uhr sowie im Sommer/Spätsommer ausgeprägt und steht für das männliche Prinzip.

Ayurveda praktisch:
Pitta wirkt sauer und heiß, deshalb sind bei Hauterkrankungen und allen entzündlichen Prozessen säurehaltige und scharfe Lebensmittel besonders ungünstig. Vor allem bei männlichen Pubertierenden sprießen Pickel und Aggression, wenn zu viel salzige Chips und säurehaltige Limonaden konsumiert werden.

***Vata* reguliert das,** »was die Dinge bewegt und antreibt«, und kombiniert Luft und Äther. Es symbolisiert alle beweglichen und dynamischen Prozesse im Körper und besitzt trockene, kalte, leichte, subtile, bewegliche, klare und rauhe Charakteristika. Vata steuert Atmung, Herzschlag, Anregung der Verdauungsprozesse, Ausscheidungsprozesse, Zellteilung, Sinneswahrnehmungen, Sprechen, Begeisterung und Kreativität. Besonders im Dickdarm, im Becken, in den Sinnesorganen und im Skelett herrscht dieses Prinzip vor und ist ab dem 45. Lebensjahr, in den Nachmittags-/Abendstunden zwischen 14 und 18 Uhr und in den Nacht-/Morgenstunden von 2 bis 6 Uhr sowie im Herbst stark ausgeprägt.

Ayurveda praktisch:

Vata steht für Trockenheit, deshalb neigen ältere Menschen, ab 45 Jahren, viel stärker zur Austrocknung der Haut. Hülsenfrüchte weisen ebenfalls eine trockene Eigenschaft auf, deshalb haben zwei Teller Linsensuppe am Abend auch eine direkte Auswirkung auf Blähungen durch das zunehmende Luftelement im Dickdarm.

Wie schon erwähnt, kann es hin und wieder vorkommen, dass die *Doshas* – also die Grundenergien – aus dem Gleichgewicht geraten. In diesen Fällen gibt es Möglichkeiten, mit bestimmter Nahrung, die der jeweiligen Konstitution entspricht, diese aktuelle Störung auszugleichen:

WAS TUN BEI ZU VIEL FEUER (PITTA)?

Am besten nur lauwarme oder kalte Gerichte essen, keine heißen oder dampfenden. Dabei vorzugsweise Speisen mit bitterem Geschmack auswählen, wenig Fette und Öle benutzen. Kühlendes Ghee ist am besten.

Menschen mit einer guten Feuer-Konstitution haben oft ein richtig gutes Verdauungsfeuer und können nahezu alles essen und das auch gut verdauen. Da ist ein großer Salatteller mit Pasta und Mascarpone zum Nachtisch auch spätabends kein Thema.
Feuer-Typen sollten dennoch nicht zu salzig, sauer und scharf essen und mengenmäßig auch nicht zu viel.

Keine guten Lebensmittel für diese Typen sind eingemachte pikante Beilagen wie Mixed Pickles, Essig, Südfrüchte, Tomaten, Schafskäse, rotes Fleisch, Alkohol und alle fermentierten Lebensmittel.

Der Feuer-Typ ist der einzige, für den Salat und kalte Speisen empfehlenswert sind, denn erstens wirken sie kühlend und zweitens kann er sie gut verdauen. Besonders zu empfehlen ist auch vegetarische Ernährung, um keine unnötige Gewalt über den Verzehr von Fleisch aufzunehmen – ein Feuer-Typ hat schon genug Dampf auf dem Kessel! Ein gutes Akutmittel sind 2 Teelöffel Ghee in lauwarme Milch gerührt.

LEBENSMITTEL MIT FEUERWEHR-QUALITÄT SIND:

Apfel, Avocado, Beeren, Birne, Dattel, Feige, Kirsche, Marille, Mango, Melone, Rosinen, Wassermelone, Pflaumen.
Bei Obst darauf achten, dass die Früchte auch wirklich reif sind und als eigene Mahlzeit gegessen werden, außerdem nie nach dem Essen und nicht mit Milch kombinieren.

Artischocken, Blumenkohl, Bohnen, Brokkoli, Erbsen, grüne Blattgemüse, grüne Paprika, Gurken, Karotten, Kartoffeln, Kohl, Kohlsprossen, Kürbis, Sellerie, Spargel, Spinat. Feuer-Typen vertragen auch Rohkost, dabei aber immer hochwertige Öle zum Marinieren verwenden.

Kokosnuss und Mandeln sind am verträglichsten und sollten nur ungesalzen und ungeröstet und eventuell in Wasser eingeweicht genossen werden.

Algen, Basilikum, Dill, Fenchel, Ingwer, Koriander und wenig Zimt sind die richtigen **Gewürze** für *Pitta*-Typen.

Wer Fleisch mag, kann bei Geflügel, Kaninchen, Wild und Süßwasserfischen zugreifen, denn sie sind am verträglichsten.
An **Getränken** eignen sich Frucht- und Gemüsesäfte, Milch, Kräuter- und Grüntee oder kaltes Wasser. Alkohol sollte man besser meiden, da er stark erhitzend wirkt und *Pitta* zusätzlich verstärkt.

WAS TUN BEI ZU VIEL TROCKENEM WIND (VATA)?

Am besten warmes Essen zu sich nehmen, das nicht zu schwer ist und mit gutem Fett zubereitet wurde. Olivenöl und Sesamöl wirken besonders gut. Alles, was cremig und warm ist, hilft bei zu viel Wind. Das können zum Beispiel warme Milch, Eintöpfe, Suppen, Aufläufe, warmes Getreide und Süßspeisen sein. Die besten Geschmacksrichtungen sind süß, sauer und salzig. Extrem kontraproduktiv wirken kalte, bittere Speisen wie Salate, Rohkost, kalte Getränke und grüne Smoothies.

GUT BEI ZU VIEL STURM IM KOPF UND IM MAGEN SIND:

Milch, Ghee, Frischkäse, Buttermilch, Joghurt, Sahne.

Sesamöl, Kürbiskernöl, Olivenöl, Distelöl, Sonnenblumenöl, Rapsöl.

Mandeln, Pistazien, Pinienkerne, Cashewkerne, Sesamsamen, Sonnenblumenkerne.

Banane, Mango, süße Melone, Papaya, Ananas, Kokosnuss, Pflaumen, Erdbeeren, Himbeeren, Orange, Kirschen, Pfirsich, Aprikosen, Grapefruit, Zitrone, frische Feigen, Datteln, Trauben.

Avocado, Schwarzwurzel, Rote Bete, Karotten, Petersilie, Auberginen, grüne Bohnen, Artischocken, grüne Erbsen, Kürbis, Rettich, Gurken, reife Tomaten, Sellerie, Oliven, Lauch, Okra, gekochte Zwiebeln, Süßkartoffeln, Weizen, Dinkel, Reis, Hafer, Mais, Roggen, Hirse, Gerste, Mungbohnen.

Die besten **Gewürze** sind: Anis, Basilikum, Fenchel, Salbei, Majoran, Rosmarin, Ingwer, Dill, Muskat, Nelken, Kardamom, Zimt, Kreuzkümmel, Senfkörner, schwarzer Pfeffer, Steinsalz, Honig, brauner Zucker, alle Zuckerrohrprodukte, Melasse, Ahornsirup, Birnendicksaft.

Gut sind alle nährenden **Getränke**, frische Frucht- und Gemüsesäfte, warme Kräutertees, ab und zu ein Glas Rotwein zum Essen.

WAS TUN BEI ZU VIEL GEISTIGER UND KÖRPERLICHER SCHWERE (WASSER UND ERDE, KAPHA)?

Am besten eignen sich warme und leichte Speisen, die, wenn möglich, dampfgegart zubereitet werden. Lieber verzichtet man auf fette Saucen und schwere Dips. Zusätzlich sollte man auch Salzstreuer und Buttermesser im Blick haben, das heißt: beides nur in Maßen zu sich nehmen. Gute Geschmacksrichtungen in diesem Fall sind bitter und zusammenziehend.

AKUTE »ERSTHELFER« SIND:

Apfel, Beeren, Birne, Granatapfel, Kirschen, Marillen, Pfirsich, Kokosnuss.

Die Früchte sollten auch wirklich reif sein und als eigene Mahlzeit verzehrt werden, wenn möglich gedünstet und gewürzt. Nie nach dem Essen!

Auberginen, Bohnen, Brokkoli, Erbsen, Fenchel, Karotten, Kartoffel (wenig), Kresse, Lauch, Mais, Paprika, Rettich, Salat (wenig), Spinat, Zwiebel.
Da die Verdauung von *Kapha*-Typen eher schwach ausgeprägt ist, eignet sich Rohkost nicht gut. Besser sind gut gewürzte, fettarme Suppen und Gemüsegerichte.

Pinienkerne und Walnüsse in Maßen, ungesalzen und ungeröstet!

Unter den **Gewürzen** greift man am besten zu: Chili, Ingwer, Koriander, Meerrettich, Petersilie, Pfeffer, Senf.

Als **Getränke** eignen sich Gewürztee, zimmerwarme frische Gemüsesäfte und verdünnter Traubensaft. Milch sollte vermieden werden, maximal mit Wasser und Gewürzen versetzt und erwärmt in kleinen Mengen.

AYURVEDA-BASICS IN SACHEN ERNÄHRUNG

Abgesehen von den ab Seite 12 beschriebenen Verhaltensweisen und Lebensmitteln in Sachen »*Dosha*-Gleichgewicht« gibt es noch ein paar grundsätzliche Empfehlungen, mit denen man erst mal auf der sicheren Seite ist, um eine wesentliche Steigerung der Lebensqualität zu erreichen. Es klingt zwar manchmal wie in Omas Hausmittelbuch, aber, wer diese einfachen Ratschläge konsequent anwendet, wird schnell merken, wie gut man sich dabei fühlt. Nicht zweifeln, ausprobieren:

1. Nach dem Aufstehen eine Tasse warmes Wasser trinken.
2. Ein warmes, leichtes Frühstück zu sich nehmen – kein Toastbrot mit Speck und Eiern.
3. Immer mit Ruhe essen, ohne Ablenkung durch Fernseher, Radio oder Handy.
4. Die Hauptmahlzeit sollte mittags bis 14 Uhr erfolgen. Es lebe der Henkelmann!
5. Zwischen den einzelnen Mahlzeiten sollten mindestens drei Stunden liegen.
6. Auf eisgekühlte Getränke verzichten – der Horror für jedes Verdauungsfeuer.
7. Abends Rohkost und tierisches Eiweiß wie Fleisch, Wurst, Käse, Joghurt, Quark, Eier etc. meiden. Hat man doch mal zugeschlagen, am besten gleich eine Wärmflasche mit ins Bett nehmen, denn es wird ordentlich rumpeln im Darm.
8. Nahrung sollte grundsätzlich warm nährend und befeuchtend wirken, also besser zur Suppe statt zum Knäckebrot greifen.
9. Vorsicht bei Milch! Im Ayurveda gilt Milch nicht per se als böses Lebensmittel. Aber man sollte aufpassen, wie man Milch zu sich nimmt und mit welchen Lebensmitteln man sie kombiniert! Sie sollte vor dem Verzehr immer einmal aufgekocht werden, außerdem sollten schleimlösende Gewürze wie Kardamom, Zimt, Nelken und Muskat zugefügt werden. Daneben ist Milch eine Diva, was andere Lebensmittel in ihrer Nähe angeht – quasi die Mariah Carey unter den Lebensmitteln. Sie sollte nie kombiniert werden mit Butterbrot, Honig, Marmelade, mit kaltem Getreide, Joghurt, sauren Früchten, salzigen Speisen wie Käse, Fleisch, Fisch oder scharfen Lebensmitteln wie Chili oder Meerrettich. Aus Sicht des Ayurveda fördert das die Bildung von Verdauungsgiften; da kommt Freude auf in der Leber! Milch verträgt sich am besten mit gekochtem Getreide wie Reis, Hafer, Gerste und Dinkel.

BLEIB ENTSPANNT!

WUPPERTAL

MARIA LAACH

REIL

REISE 1

Jetzt ist es so weit – ich stehe in den Startlöchern für meine erste Tour auf der Suche nach dem Ayurveda in uns allen. Am Karfreitag starte ich in Wuppertal – meinem Fixpunkt – zu einem Abstecher ins Kloster Maria Laach, um dann in Reil an der Mosel eine Stippvisite bei einem traditionsreichen Weingut zu machen. Zum einen passt dieser Stopp im Kloster thematisch ja ganz gut zum Karfreitag und zu Ostern, zum anderen ist es für mich als Küstersohn nicht ungewöhnlich, ein Benediktinerkloster zu besuchen. Und da Maria Laach in der östlichen Eifel nicht allzu weit von der Mosel entfernt liegt, kann ich dort bei einem guten Schoppen Wein gleich etwas über Geduld lernen. Zurück in der Heimat, zeigt mir ein Architekt, dass man das Leben am besten entspannt angeht, und im Wuppertaler Theater gibt's Futter für Körper und Geist.

VOM LOSLASSEN UND NEUSTARTEN

Sinn und Besinnlichkeit im Kloster

Heute hatte ich Lust auf DJ Arru-das Lounge-Bar-Mix von 2014. Der chillige Sound hat mich total entspannt und auf den Besuch im Kloster eingestimmt. Die Eighties-Kracher von *Talk Talk* machen mir immer gute Laune – vor allem beim Cruisen durch das Moseltal.

Wir starten also morgens relativ relaxt mit Loungesound im Autoradio in Richtung Eifel. Während der Fahrt durch das Laacher Seetal und mit Blick auf die Hohe Acht, den höchsten Berg der Gegend, kommt mir der Gedanke, dass Ostern für mich schon immer eine ganz besondere Energie hatte, vor allem im Vergleich mit Weihnachten. Durch den Beruf meines Vaters war ich ja sozusagen »ganz nah am Geschehen«, und in meiner Erinnerung war Weihnachten immer das Fest der superlangen Messen und des Konsums – besonders bewegend fand ich es aber nie.

OSTERN IST DA SPEZIELLER, DAS BILD VON LEIDEN, STERBEN UND AUFERSTEHUNG IST FÜR MICH GEFÜHLT VIEL INTENSIVER.

Selbst überzeugte Hardcore-Atheisten können sich meiner Meinung nach nicht der Stimmung entziehen, die von der Karfreitagsliturgie erzeugt wird. In vielen Städten werden am Karfreitag eindrucksvolle Prozessionen organisiert.

Dieser Tag ist vielleicht deshalb so intensiv, weil elementare Erfahrungen des echten Lebens angesprochen werden. Leiden, Sterben und Auferstehung stehen ja bildlich für viele Momente im Verlauf eines Lebens. Im Leiden Christi wird das Ganze natürlich auf die Spitze getrieben und sehr martialisch dargestellt. Im Alltag aber gibt es sehr viele solcher Situationen: Man kämpft für etwas, manchmal leidet man sogar dabei, und nicht selten muss man seine Vision oder seine Idee doch beerdigen. Das hat nichts mit negativem Denken zu tun, sondern mit Loslassen, was einfach zum Leben gehört. Und wenn man die richtige Einstellung dazu findet, bedeutet das nicht das Ende, vielmehr einen Neuanfang.

In der katholischen Tradition steht dafür das Osterfeuer, nach einer Zeit des Leidens am Freitag kommt die Grabesruhe am Samstag als Zeit des Trauerns und des Loslassens, am Ostersonntag steht das Licht der Auferstehung. In meiner Kindheit haben wir damals in der Osternacht die alten, vertrockneten Weihnachtsbäume verbrannt, und ich durfte sie entzünden.

ES WAR EIN MÄCHTIGES FEUER; DAS LICHT, DIE ENERGIE HATTE EINE GROßE MACHT.

Fünf, sechs Meter hohe Flammen schlugen in den Himmel – das ist die Energie von Ostern. Nach einer dunklen Phase kommt das Licht mit voller Kraft zurück.

Ähnlich wie in Europa das Osterfest für den Übergang vom Winter zum Frühling steht, ist das im Ayurveda die Zeit des Übergangs von *Kapha* zu *Vata*. Im Winter, wenn es kalt draußen ist, sammelt sich viel *Kapha* im Körper an – und das ist auch gut so, denn da kann man ein bisschen »Feuer« gut gebrauchen. Im Frühling, wenn ganz bildlich das Eis taut, braucht es auch ein paar Methoden, um das angesammelte *Kapha* schmelzen zu lassen. Die Zeit von Gans mit Rotkraut und Klöpsen ist vorbei. Deswegen ist der perfekte Weg zum inneren Reinigen und Ausleiten eine Trinkkur mit Wasser.

Und so geht's:

1 Liter Wasser 10 bis 15 Minuten in einem Topf sprudelnd offen kochen, etwas auskühlen lassen, in eine Thermoskanne gießen und schluckweise über einen Zeitraum von drei bis vier Stunden trinken – am besten etwa 1 Woche oder länger.

Was bringt's?

- Es beruhigt die Magen- und Darmnerven, damit auch den Geist.
- Es hilft bei Verstopfung, Aufstoßen, Blähungen und Schlafstörungen.
- Es reinigt von innen und fördert die periphere Durchblutung, die Haut erhält mehr Spannkraft und wirkt frischer.
- Es verringert Gelenk-/Rückenbeschwerden und Verspannungen allgemein.
- Es kann auch ohne Bedenken bei Nierenleiden angewendet werden, da es zwar die Ausscheidungen anregt, aber die Nieren nicht belastet.

Was kann passieren?

Da sich bei diesem Prozess im Körper angesammelte Toxine lösen, kann es – muss aber nicht – zu Gefühlen von Übelkeit, Mundgeruch und flauem Gefühl im Magen kommen. Keine Angst, das verfliegt recht schnell, und danach geht es richtig nach vorne!

UND SO NUTZEN WIR DIE EMOTIONALE STIMMUNG DIESES TAGES UND LEGEN NUR EINE KLEINE PAUSE IN MARIA LAACH EIN, UM EIN PAAR KERZEN FÜR LIEBE MENSCHEN ANZUZÜNDEN.

TOBIAS, DER GEDULDIGE

Auf ein Glas an die Mosel

Das eigentliche Ziel der Reise ist das Weingut meines Bekannten Tobias an der Mosel. Die Strecke von Maria Laach dorthin ist für Autofahrer nicht ganz so spektakulär, ich kann mir aber vorstellen, dass Motorradfahrer das ganz anders sehen. Die können nämlich so richtig schön durch die zahlreichen Kurven wedeln. Wenn sich dann aber auf den letzten Metern das Moseltal vor einem öffnet, ist das schon beeindruckend – auch wenn der Fluss gerade ziemlich schlammig aussieht. Reil ist ein typisches Mosel-Städtchen, eingeklemmt zwischen dem Fluss und den steilen Weinbergen gibt es eine große Hauptstraße, an der sich Weingut an Weingut reiht.

Das Weingut Julius Treis stammt aus dem Jahr 1648 und zählt damit zu den ältesten im Ort. Und noch bevor ich Tobias kannte, kannte ich seinen Riesling. Aus meiner Zeit bei Harald Wohlfahrt ist mir besonders sein Mullay Hofberg in sehr guter Erinnerung. Ich bin zwar kein Weinexperte, aber die mineralischen Schiefertöne des Mosel-Rieslings schmecke sogar ich. Kleiner Tipp: So ein paar Pseudo-Kennerfloskeln sollte man für so manchen Weinabend parat haben, und wenn man anfängt, von mineralischen Aromen mit einem Hauch von Aprikose zu schwadronieren, ist die Chance, sich mit einem Mosel-Riesling zu blamieren, relativ gering.

DA ICH EIN GROẞER FREUND VON DEUTSCHEN WEINEN BIN, FREUE ICH MICH IMMER, WENN ICH EINEN BESONDERS GUTEN ERWISCHE.

Und der vom Weingut Treis gehört auf jeden Fall dazu.

Tobias ist Anfang 30 und hat das Weingut von seinem Vater übernommen. Er sprüht vor Begeisterung für seine Arbeit, er ist ein echter Vollblut-Winzer, dem der Riesling förmlich in den Adern fließt. Tobias zählt zu den »jungen Wilden« in der Branche. Wobei so wirklich wild im klassischen Sinn ist er nicht. Er ist weder tätowiert noch gepierct, noch sonst irgendwie rebellisch. Stattdessen ist er höflich, verbindlich und großzügig, quasi eine Art Muster-Schwiegersohn.

Das »Wilde« an ihm sind – gerade für so manche alte Winzergenerationen – seine Anbaumethoden. Statt Masse setzt er auf Klasse. Zum großen Schock seines Vaters war seine erste Amtshandlung als neuer Chef, zunächst ein paar Reben der Weinstöcke abzusäbeln, um die Qualität zu verbessern. »Als mein Vater das erste Mal beim Ausschneiden helfen sollte, war ihm das einfach zu viel, und er ist direkt wieder nach Hause gefahren«, erzählt Tobias mir schmunzelnd. Mittlerweile hat Papa Treis aber seinen Frieden gemacht, vor allem nachdem er das erste Glas probiert und tatsächlich gemerkt hat, dass der Wein viel intensiver und kräftiger schmeckt.

Auch seine Mutter musste erst mal verdauen, dass der Bub einfach so neue Etiketten für die Weinflaschen entwickelt hat. Wo früher ihre handgemalten Aquarelle die Weinflaschen zierten, kleben heute trendige Retro-Etiketten in kräftigen Farben.

Nicht nur für die Familie Treis ist »Loslassen« das ganz große Thema. Der Grad zwischen Verbundenheit und Anhaftung ist sehr schmal. Anhaftung macht das Herz eng und schränkt den Blick ein. Das Loslassen schafft Weite und viel Raum für Neues. Oft merkt man selbst gar nicht, dass man viel zu sehr an alten Dingen, Gewohnheiten oder auch Menschen hängt und es einem viel bessergehen würde, wenn man sich ganz neu orientiert.

GEWÜRZPUNSCH OHNE PROZENTE

2 Orangen
2 l weißer Traubensaft
4 Stangen Zimt
4 Kardamomkapseln
1 TL gehackter Ingwer
2 Nelken
4 Sternanis
1 EL brauner Kandis

Die Orangen in Scheiben schneiden. Den Traubensaft aufkochen, Gewürze, Orangen und Kandis zugeben und mindestens 1 Stunde lang ziehen lassen. Je länger, desto besser!

FOODCHECK TRAUBEN:

- ★ Trauben sind in ihrer Wirkung sehr unterschätzt. Sie vereinen aber derart wertvolle Eigenschaften für die menschliche Gesundheit, dass man sie in der Traubensaison gerne ausgiebig genießen kann.
- ★ Besonders in ihren Kernen und in ihrer Haut enthalten sie wertvolle sekundäre Pflanzenstoffe wie z. B. Quercetin und Resveratrol.
- ★ Diese hochwirksamen Substanzen können den Blutdruck senken, das Cholesterin regulieren, das Blut verdünnen und bei Gichtanfällen die Schmerzen lindern.

Gerade der Beruf des Winzers passt zu diesem Thema besonders gut, denn ein Winzer ist in höchstem Maße dazu gezwungen, loszulassen. Sein kompletter Ertrag hängt von den Launen der Natur ab.

WENN ER NICHT LOSLASSEN KANN IM TIEFEN VERTRAUEN, DASS IHM DIE NATUR EINE REICHE ERNTE SCHENKT, HAT ER SCHLAFLOSE NÄCHTE.

Natürlich gab es auch in der Geschichte des Weingutes Treis einige herbe Rückschläge, wie zum Beispiel im 19. Jahrhundert drei komplette Ernteausfälle nacheinander. Aber Gott sei Dank fand bis heute alles ein gutes Ende, und so wird nach jeder erfolgreichen Ernte ein gutes Fläschchen geöffnet und ordentlich gefeiert. Auch bei unserem abschließenden Besuch im Weinkeller zeigt sich wieder, dass Tobias durch seine Passion mit sehr viel Vertrauen und großer Ausdauer ausgestattet sein muss: Er zeigt mir die kürzlich abgefüllte Beerenauslese, die erst mal zehn Jahre im Keller lagern muss, bevor sie die richtige Qualität erreicht. Wer also ganz entspannt so lange auf das Ergebnis seiner Arbeit warten kann, muss ein echtes Muster an Geduld sein.

GERADE IM FRÜHJAHR bieten sich lauwarme Gemüsesalate in zahlreichen Varianten an, um einen Ausgleich zur Völlerei in der Winter- und Weihnachtszeit zu schaffen. Durch die leichte Wärme lösen sich die letzten kalten und trägen Reste des winterlichen *Kaphas* auf. Und gerade der Spargel mit seiner entwässernden und entgiftenden Wirkung ist ein echter Knaller, wenn es um die Entlastung des noch etwas langsam arbeitenden Verdauungsfeuers geht. Dill und Fenchel tun ihr Übriges zur Entspannung des Magens, sie sind sozusagen die Yogis unter den Kräutern und Gemüsen. Und da wir beim Entgiften nicht päpstlicher als der Papst sein wollen, trinkt man als optimalen Begleiter zu diesen Gerichten am besten ein Glas 2014er Reiler Sorentberg Rotschiefer Riesling vom Weingut Julius Treis.

LAUWARMER SPARGEL-FENCHEL-SALAT

Grüne Power zum Entgiften

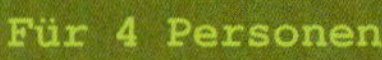

Glutenfrei

1 Fenchelknolle
500 g grüner Spargel
2 Orangen
80 g Haselnüsse
5 EL Olivenöl
1 EL frischer gehackter Ingwer
1 EL Honig
grobes Salz und frisch gemahlener schwarzer Pfeffer
1 Bund frischer gehackter Dill

1. Den Fenchel waschen, die grünen Stielansätze abschneiden und für eine Gemüsebrühe zur Seite stellen. Dann den Fenchel halbieren und in feine Streifen schneiden. Die holzigen Enden des Spargels abschneiden und den Rest ebenfalls in feine Streifen schneiden.
2. Die Orangen schälen, die Filets auslösen und den Saft auffangen. Die Haselnüsse in einer Pfanne ohne Fett anrösten und grob hacken.
3. Das Olivenöl in einer Pfanne erhitzen, Fenchel, Spargel und Ingwer dazugeben und für 5 Minuten anbraten. Dann in eine Schüssel füllen. Zum Schluss die restlichen Zutaten dazugeben und vor dem Servieren gut unterrühren.

FOODCHECK DILL:

★ Dillsamen wurden schon in der Klosterheilkunde als Tee oder in Wein gekocht gegen Blähungen und Magenkrämpfe eingesetzt. Als milder Tee hilft er Babys – ähnlich wie der bekanntere Fenchel – auch bei Blähungen. Mit Ghee vermengt, hilft der Dill äußerlich als warme Kompresse aufgelegt gegen Geschwüre.

GRAUPEN-TALER AUF FENCHEL-LAUCH-GEMÜSE

Getreide, das satt und glücklich macht

Für 4 Personen

FÜR DIE TALER

2 Schalotten
2 TL Ghee
150 g Graupen
350 ml Gemüsebrühe
6 Zweige glatte Petersilie
3 EL Semmelbrösel
1 TL Salz
2 EL Tomatenmark
1 Ei
Olivenöl zum Ausbacken

FÜR DAS LAUCHGEMÜSE

2 Fenchelknollen
1 Lauchstange
3 EL neutrales Pflanzenöl
2 TL rosenscharfes Paprikapulver
2 TL Currypulver
200 g Crème fraîche
Saft von ½ Limette
Salz und frisch gemahlener schwarzer Pfeffer

1. Für die Taler die Schalotten schälen und fein würfeln. Das Ghee in einem Topf erhitzen, die Schalotten dazugeben und glasig dünsten.
2. Die Graupen dazugeben, die Gemüsebrühe angießen, kurz aufkochen lassen, die Hitze reduzieren und die Brühe 20 bis 25 Minuten leicht köcheln lassen, bis das komplette Wasser verdampft ist. Die Graupen etwas auskühlen lassen und inzwischen die Petersilie fein hacken.
3. Dann Semmelbrösel, Salz, Tomatenmark, Petersilie sowie das Ei zu den Graupen geben und alles kräftig mischen. Mit feuchten Händen Taler von etwa 3 cm Dicke und 6 cm Durchmesser formen und von beiden Seiten in Olivenöl knusprig anbraten.
4. Für das Lauchgemüse den Fenchel waschen, halbieren und in feine Streifen schneiden. Die Lauchstange waschen und in Ringe schneiden. Das Öl in einem Topf erhitzen, Fenchel und Lauch kräftig anbraten, dann die restlichen Zutaten dazugeben, gut mischen und weitere 5 Minuten ziehen lassen.
5. Das Lauchgemüse auf Tellern anrichten und die Graupentaler daraufsetzen.

FOODCHECK FENCHEL:

★ In der Heilkunde wird der Fenchel klassisch eingesetzt bei Blähungen und Magenproblemen oder in der Schwangerschaft, um den Milchfluss anzuregen. Für mich als Kind war Fencheltee nicht unbedingt mein Favorit, mittlerweile mag ich ihn sehr, vor allem zusammen mit süßen Gemüsesorten wie Süßkartoffeln.

Wem das noch nicht genug und das Bedürfnis nach frischem Wind in Körper und Geist noch nicht gestillt ist, der kann mit den folgenden Suppen den eingerosteten Stoffwechsel auf Trab bringen und die Schwere des Winters restlos abschütteln.

DETOX-GEMÜSESUPPE

Klärt den Geist & reinigt den Darm

Für 4 Personen  Vegan • Glutenfrei

- 2 Karotten
- 1 Knollensellerie
- 1 Kohlrabi
- 1 Bund Lauchzwiebeln
- 4 EL Olivenöl
- 1 EL frischer gehackter Ingwer
- 2 TL Kurkuma
- 1 EL Kümmel
- 4 Wacholderbeeren
- 4 Lorbeerblätter
- 1 TL Amchur (Mangopulver)
- 1 l Gemüsebrühe
- Salz und frisch gemahlener schwarzer Pfeffer
- 1 Bund gehackter Dill

1. Karotten, Sellerie und Kohlrabi waschen und putzen, dann in mundgerechte Würfel schneiden. Die Lauchzwiebeln waschen und in Ringe schneiden.
2. Das Olivenöl in einem Topf erhitzen. Den Ingwer dazugeben und 3 Minuten glasig dünsten, dabei Kurkuma und Kümmel dazugeben.
3. Wacholderbeeren, Lorbeerblätter, Amchur und Gemüse dazugeben und gut mischen.
4. Die Gemüsebrühe angießen und die Suppe 15 Minuten abgedeckt köcheln lassen, das Gemüse sollte noch Biss haben. Zum Schluss mit Salz und Pfeffer abschmecken und mit Dill bestreuen.

FOODCHECK SELLERIE:

★ Ich bin ein großer Fan von einheimischem Superfood, und da ist der gute alte Sellerie ein super Beispiel. Abgesehen von seinem leckeren Geschmack wirkt er blutreinigend, harntreibend, kreislaufstärkend, menstruationsfördernd und nervenstärkend. Er hilft bei Appetitlosigkeit, Blähungen, Bronchitis, Fettsucht, Frühjahrsmüdigkeit, Gicht etc. Noch Fragen?

LAUWARME FENCHEL-GURKEN-SUPPE

Erfrischend

Für 4 Personen  Glutenfrei

1 Salatgurke
1 Fenchelknolle
2 EL Ghee
1 EL frischer gehackter Ingwer
2 TL Fenchelsamen
1 l Gemüsebrühe
4 Zweige Zitronenmelisse
1 EL Waldhonig
Salz und frisch gemahlener schwarzer Pfeffer

1. Die Gurke schälen, halbieren, entkernen und in etwa 1 cm dicke Stücke schneiden.
2. Das Fenchelgrün abschneiden, den Fenchel waschen, halbieren und in dünne Streifen schneiden.
3. Das Ghee in einem Topf erhitzen, den Ingwer zusammen mit den Fenchelsamen glasig andünsten. Dann Gurkenstücke und Fenchelstreifen dazugeben und mit der Gemüsebrühe aufgießen. 15 Minuten abgedeckt köcheln lassen.
4. Die Zitronenmelisse fein hacken und zur Suppe geben.
5. Sobald die Suppe auf maximal 45 °C abgekühlt ist, den Waldhonig dazugeben und mit Salz und Pfeffer abschmecken.

FOODCHECK HONIG:

★ Mein Mantra in jedem Kochkurs ist: Bitte, bitte Honig niemals zum Kochen verwenden und über 45 °C erhitzen! Denn der Honig ist für mich eines der wertvollsten Lebensmittel überhaupt und gehört eigentlich in die Apotheke und nicht ins Supermarktregal zwischen Schokocreme und Erdbeergelee. Man stellt auch keinen Rolls-Royce auf dem Schrottplatz aus! Honig enthält ein ganzes Arsenal bester Inhaltsstoffe, dazu entzieht er Bakterien den Nährboden und wirkt ähnlich wie Antibiotika. Die griechischen Götter waren dank des Honigs unsterblich, und Odin bezog aus dem Honig Weisheit und Stärke.

KHICHADI – BOHNEN-REIS-EINTOPF

Best Detox ever

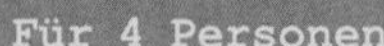
Für 4 Personen

Glutenfrei

150 g Mung Dal
(gelbe Mung-Bohnen)
2 Pastinaken
2 Karotten
2 Kartoffeln
1 Fenchelknolle
2 EL Ghee
1 EL Fenchelsamen
1 EL Kreuzkümmel
1 EL gemahlener Koriander
1 EL Currypulver
1 Prise Asafoetida
100 g Naturreis
1 TL Amchur (Mangopulver)
1 l Gemüsebrühe
1 Bund frischer gehackter
Koriander
Salz und roter Pfeffer zum
Abschmecken

1. Die Bohnen mit heißem Wasser übergießen und 30 Minuten einweichen lassen, dann das Wasser abgießen.
2. In der Zwischenzeit Pastinaken, Karotten und Kartoffeln schälen und in Scheiben schneiden. Den Fenchel waschen und in Streifen schneiden.
3. Das Ghee bei mittlerer Hitze in einem großen Topf erhitzen und die Gewürze ½ Minute unter Rühren darin anrösten. Dann das Gemüse zusammen mit Bohnen und Reis in den Topf geben und 3 bis 4 Minuten anbraten. Amchur und Gemüsebrühe dazugeben und den Eintopf bei leicht geöffnetem Deckel etwa 25 Minuten köcheln lassen. Zwischendurch immer wieder umrühren, damit nichts am Topfboden ansetzt.
4. Kurz vor dem Servieren den Koriander dazugeben und je nach Bedarf mit Salz und Pfeffer abschmecken.

FOODCHECK KHICHADI:

★ Khichadi ist DER Ayurveda-Klassiker schlechthin. Keine Kur ohne Khichadi, denn die Kombi aus geschälten Mung-Bohnen und Naturreis ist die nahrhafteste und am besten verdauliche Bombe aus Eiweißen und Kohlenhydraten,
die man bekommen kann. Jede Hausfrau in Indien hat ihre eigenen Rezepte, die Variationen sind unendlich. Mit diesem Gericht kann man locker 100 Jahre werden, denn es enthält alles, was der Körper braucht. Gut, ich gebe zu, irgendwann wird es etwas eintönig, aber in der Basis stimmt es.

(T)RÄUME ERSCHAFFEN

Toni, der alltägliche Entspanner

Auch wenn ich natürlich neugierig bin, zu erfahren, wie viel Ayurveda in ganz Deutschland steckt, will ich trotzdem schauen, welche spannenden Typen direkt vor meiner Haustür leben. Denn sonst sieht man vielleicht vor lauter Autobahn die Wege in der unmittelbaren Umgebung nicht mehr.

Schon bei der Planung des Buches stand für mich fest, dass ich unbedingt einen Architekten treffen wollte. Bereits als kleiner Pimpf, als die Kirche mein Spielplatz war, fand ich weite und hohe Räume extrem faszinierend. Für einen Sechs-, Siebenjährigen wirkt so eine Kirche um einiges riesiger als heute, und wenn man dann noch auf dem Rücken im Altarraum liegt und an die Stuckdecke schaut, entdeckt man äußerst beeindruckende Bilder. Dies hat im positiven Sinne Spuren bei mir hinterlassen.

NOCH HEUTE IST RAUM FÜR MICH DER WAHRE LUXUS.

Das kann zum einen der sprichwörtliche Raum zum Leben sein, aber auch der ganz persönliche »Raum« in Form der Freiheit, sich zu entfalten und sein Leben so zu leben, wie man es möchte.

In der Architektur verfolgte Ludwig Mies van der Rohe diesen Gedanken besonders gut – vielleicht bin ich deshalb ein so großer Fan von ihm. Sollte ich in diesem Leben einmal zu einigermaßen Geld kommen, darf mein

Haus in etwa so aussehen wie die von ihm entworfene neue Nationalgalerie in Berlin. Übrigens auch ein sehr lohnenswertes Ausflugsziel.
Und wäre ich nicht Koch geworden, wäre nach Rockstar für mich der Architekt durchaus eine Jobalternative gewesen. Wobei, man baut wahrscheinlich nicht jeden Tag eine neue Nationalgalerie. Wenn ich mir dann noch vorstelle, ich müsste für meine Kunden zum Beispiel so etwas wie eine toskanische Landhaus-Villa mit Säulen am Eingang im Stil à la Carmen Geiss bauen, würde ich den Job sofort hinschmeißen. Von daher kann der Architektenjob auch echt hart sein. Das wollte ich aber genauer wissen, deshalb habe ich mich mit dem Architekten Toni Quintiliani in seinem Wuppertaler Büro verabredet. Toni kenne ich vor allem als Gast unseres ehemaligen Cafés »Herzstück« und fand ihn von Anfang an supernett. Außerdem war sein Vater, genauso wie meiner, Zimmermann, was ihn noch sympathischer macht. Abgesehen davon ist er ein sensationeller Architekt.

Volker: War Architekt dein Traumberuf?

Toni: Eigentlich wollte ich Zimmermann werden, weil ich den Duft von frischem Holz liebe. Und das tue ich bis heute. Mein Vater war aber Schreiner und wollte lieber, dass ich in eine andere Richtung gehe. Deshalb habe ich erst mal eine Lehre als Elektriker gemacht.

V: Wie bist du dann zur Architektur gekommen?

T: Nach der Lehre habe ich angefangen, in Düsseldorf E-Technik zu studieren, dort aber recht schnell gemerkt, dass das nicht so mein Ding ist. Mit Kommilitonen bin ich dann einfach mal in eine Architekturvorlesung gegangen. Der Einstieg in das Fach Holzbau hat mich sofort gepackt, und bis heute bin ich dabeigeblieben.

V: Was fasziniert dich an der Architektur?

T: Vor allem die Herausforderung, ganzheitliche und nachhaltige Lösungen zu finden. Das bezieht sich nicht nur auf die Verwendung von vermeint-

lich nachhaltigen Materialien. Wenn man sieht, wie viel CO_2 bei der Produktion von »nachhaltigem« Dämmmaterial anfällt, kann man nur den Kopf schütteln. Für mich heißt nachhaltig vor allem auch, ganzheitliche Lösungen zu finden.

ICH STELLE MIR FRAGEN WIE: PASST DAS GEBÄUDE ZU DEN MENSCHEN? IST ES IN SICH STIMMIG, UND HARMONIERT ES MIT DER UMGEBUNG?

Auf diese Weise gleicht kein Entwurf dem anderen, es ist jedes Mal ein neuer Schaffensprozess.

Tonis Ansatz passt für mich schon ganz gut zum Thema Ayurveda. Denn auch hier wird für jeden Menschen bestimmt, welche der drei Grundenergien – *Kapha, Pitta, Vata* – am ehesten dem individuellen Typ entsprechen. Das ist für jeden Menschen verschieden und wird bereits bei der Zeugung festgelegt. Diese Art »Grundprogrammierung« heißt im Ayurveda »Prakriti«. Der Großteil der Menschen ist nicht eindeutig zuordenbar und somit ein »Mischtyp«. Allen gemeinsam ist aber, dass man durch die entsprechende Lebensweise dafür sorgen muss, dass alles im Gleichgewicht bleibt. Denn wenn die Energien aus dem Gleichgewicht geraten, kann es zu Dysbalancen bis hin zu ernstzunehmenden Krankheiten wie Herzrhythmus- oder Schlafstörungen kommen.

V: Im Ayurveda gibt es seit je die Lehre des *Vastu*, das Wissen vom ganzheitlichen Bauen, bei dem man versucht, das Wesen der Natur auf Städte, Gebäude und Räume zu übertragen. Hast du davon schon mal gehört?

T: Nicht explizit von *Vastu*, aber auch ich versuche in meinen Entwürfen, die Natur mit einfließen zu lassen. Ich bin überzeugt davon, dass es eine Form von Harmonie gibt, die jeder Mensch instinktiv erspüren kann. In der Praxis ist das natürlich oft nicht so einfach, da man meistens mit vorgegebenen Situationen zu tun hat.

Unter Vastu versteht man eine ganzheitliche Betrachtungsweise zur Gestaltung von Lebensräumen. Es ist jahrtausendealtes, zeitloses Wissen über Raum und Architektur und bringt den Menschen und seine Wohnumgebung in Einklang mit der Natur. Nach diesem Wissen existieren überall kleinste Energieteilchen im allumfassenden Raum, in der Natur und auch in jedem lebendigen Organismus. So natürlich auch im Menschen und in den Räumen, in denen er sich aufhält. Wendet man nun alle Empfehlungen des *Vastu* beim Bauen an, entsteht aus dem Gebäude ein lebendiger Organismus und die darin wohnenden Menschen erleben in dem sie umgebenden Raum ein Wohlgefühl von Resonanz und Harmonie. Diese Harmonie soll den Bewohnern zum einen materielles Wohlergehen bringen, aber auch für geistiges Wohlergehen sorgen. Diese Empfehlungen beinhalten zum Beispiel speziell abgestimmte Maße, die Strukturierung des ganzen Hauses nach einem Raster, die Ausrichtung nach bestimmten Himmelsrichtungen oder auch bestimmte günstige Zeitpunkte für die Bauphasen.

V: Wie wohnst du eigentlich privat?
T: Ursprünglich wollte ich zusammen mit meiner Frau ein eigenes Haus bauen. Aber da auch sie Architektin ist, war es nicht so einfach, einen gemeinsamen Nenner zu finden. Deshalb haben wir hier in Wuppertal ein Haus aus den 1920ern gekauft und das ganz nach unseren Wünschen umgebaut.
V: Wie sieht dein Traumhaus aus?
T: Auf jeden Fall kein klassischer »Schichtkäse« mit drei Stockwerken. Es wäre eine Mischung aus Bauhaus und einem Adlerhorst mit Anklängen der Anthroposophie. Ich finde hohe, turmartige Räume sehr spannend.

GANZ WICHTIG WÄRE EIN GERÄUMIGER, ZENTRALER RAUM MIT EINEM GROßEN TISCH, AN DEM DIE GANZE FAMILIE PLATZ HAT, DA KOMMEN DANN MEINE ITALIENISCHEN WURZELN ZUM VORSCHEIN.

V: Und wie entspannst du?
T: Am besten entspanne ich bei Gesprächen mit meiner Frau, bei Spaziergängen in der Natur und beim Vespafahren. Ganz gerne auch beim Akkordeonspielen, da konzentriert man sich nur aufs Spielen und hat erst mal nichts anderes im Kopf. Super zum Runterkommen im Alltag. Ich bin sowieso der Meinung, Entspannung sollte im Alltäglichen stattfinden und nicht erst im Urlaub!

Wenn man wie Toni versucht, kleine Phasen der Entspannung ins tägliche Leben und in den fordernden Alltag einzubauen, schafft man es, gar nicht erst so viel Stress aufkommen zu lassen. Das kann der Minzlassi zur Erfrischung zwischendurch sein, aber auch die kleine Massageeinheit, die man sich selbst gibt, um kurz zwischen zwei Terminen runterzukommen. Hauptsache, es geschieht bewusst.
Diese kleinen »Entspannungshilfen« kann man ganz easy in seinen Arbeitstag einbauen:

1. Gut für alle, die im Büro den ganzen Tag verkrampft auf ihre Tastatur eintippen: Einfach mal ganz bewusst für ein paar Minuten die Hände

kneten, vor allem den Bereich der Ballen um die Daumen, gerade dort liegt ein zentraler Punkt des Solarplexus. Knetet man diesen, fühlt mach sich sofort entspannt und erfrischt.

2. Auch unterwegs kann man die Meditationsübung »Störche« einbauen. Einfach gerade und entspannt hinstellen, die Arme locker an den Seiten hängen lassen und eine leichte Faust bilden; dabei die Daumen nach oben strecken. Wenn man sein Gewicht jetzt auf die Fußballen verlagert und mit den Daumen nach hinten zeigt, ergibt sich automatisch eine Schulteröffnung und man kann wieder etwas lockerer werden.

3. Schalte zwischendurch einfach dein »Kopfkino« an und reise an den Raffaello-Strand auf den Malediven. Mache einen gedanklichen Powernap im Liegestuhl und lass das Meeresrauschen rein. Du wirst sehen, wie gut das wirkt.

4. Der Gute-Laune-Boost: Sag dir einmal am Tag, was für ein toller Mensch du bist – auch wenn du darauf vielleicht gerade keinen Bock hast. Diese vielleicht banal klingende positive Affirmation wird mit der Zeit dazu führen, dass du dich in einem ganz anderen Licht siehst.

ITALIENISCHES ESSEN mit seinem äußerst sinnlichen Aspekt – der Risotto im Speziellen – ist perfekt für alle, die gerne meditativ kochen, und der absolute Horror für alle Stressbolzen am Herd. Die folgenden Rezepte eignen sich super, seine ganze Familie um einen Tisch zu versammeln – sprich, sie machen viele hungrige Mäuler satt. Auch wenn man nur für sich alleine etwas zu essen machen will, ist Kochen der perfekte Stressabbau nach einem turboschnellen Tag. Man wird satt und entspannt gleichzeitig. Und wenn man es richtig übertrieben hat mit der Völlerei in der »Famiglia« und am nächsten Tag ein ordentliches Unwetter im Gedärm herrscht, dann sorgt der Würzkartoffelstampf für Entspannung. Siehe das Rezept »Die Magenwohl-Kartoffel«. Der Clou dabei ist das Asafoetida, umgangssprachlich Stinkasant oder Teufelsdreck genannt. Es ist das geriebene Wurzelharz des Asant-Strauches und eines der besten Mittel bei Magenkrämpfen, Blähungen oder sonstigen Bauchschmerzen, die Mann und Frau nicht gebrauchen können.

GRÜNER KRÄUTER-RISOTTO

Der grüne »Entschleuniger«

Für 4 Personen  Glutenfrei

1 rote Zwiebel
100 ml Olivenöl
250 g Risottoreis
1 TL gemahlener Kurkuma
800 ml heiße Gemüsebrühe
100 ml Weißwein (am besten der Riesling vom Weingut Treis)
100 g Ziegenfeta
1 Bund Frankfurter Kräuter (z. B. Pimpernell, Kresse, Kerbel, Schnittlauch, Petersilie, Borretsch und Sauerampfer)
frisch gemahlener schwarzer Pfeffer

1. Die Zwiebel schälen und in feine Würfel schneiden. Das Olivenöl in einem Topf erhitzen, Zwiebel, Risottoreis und Kurkuma dazugeben und etwa 3 Minuten dünsten, bis die Zwiebelwürfel glasig sind.
2. Mit einer Schöpfkelle nach und nach die Gemüsebrühe dazugeben, fleißig rühren und einkochen lassen.
3. Dann den Weißwein angießen und einen Großteil des Ziegenkäses hineinbröckeln (etwas davon für die Deko aufheben). So lange rühren, bis der Käse geschmolzen ist.
4. Nach 25 Minuten sollte der Risotto eine schöne, cremige Konsistenz haben.
5. Zum Schluss die Kräuter fein hacken und unter den Risotto heben. Den Risotto in tiefe Teller füllen und etwas frischen schwarzen Pfeffer und Ziegenfeta darüberstreuen.

FOODCHECK KRESSE:

★ Die kleinen grünen Blättchen, die man ganz easy auf seiner Fensterbank ziehen kann, haben es in sich: Sie sind echte Nährstoffbomben. Calcium, Vitamin A, Vitamin C, Eiweiß und Folsäure – das ist nur ein kleiner Teil ihrer Powerstoffe. Gut zu wissen: Ihr hoher Eisengehalt füllt die Speicher von Vegetariern und Veganern auf.

ROSMARIN-KORNBLUMEN-FOCACCIA MIT SALBEI-FEIGEN-PESTO

Aromenexplosion im Mund

Für 4 Personen 

FÜR DIE FOCACCIA

½ Würfel Frischhefe
1 Prise Rohrzucker
300 ml lauwarme Gemüsebrühe
500 g Weizenmehl, Type 550
80 g feiner Polentagrieß
4 EL Olivenöl
3 EL Tomatenmark
2 EL gehackte Rosmarinnadeln
2 EL getrocknete Kornblumen
1 TL Salz
100 g Datteltomaten
150 g Ziegenfeta
Olivenöl zum Beträufeln

1. Die Hefe zusammen mit dem Zucker in einer Schüssel in der warmen Gemüsebrühe mit Hilfe eines Schneebesens schaumig aufrühren. Das Mehl daraufsieben.
2. Dann alle Zutaten, bis auf Feta und Tomaten, ebenfalls in die Schüssel geben, zu einem geschmeidigen Teig verkneten und abgedeckt an einem warmen Ort mindestens 2 Stunden ruhen lassen – je länger, desto besser. In der Zwischenzeit die Tomaten waschen, halbieren, den Feta zerbröckeln und den Ofen auf 200 °C vorheizen.
3. Den Teig auf einer bemehlten Arbeitsfläche noch mal leicht durchkneten, ausrollen und auf ein mit Backpapier ausgelegtes Backblech legen.
4. Ganz wichtig: Den Teig nicht zu fest kneten, je sanfter, desto luftiger wird er.
5. Die Tomaten nur ganz leicht in den Teig drücken, mit dem Feta bestreuen und mit etwas Olivenöl beträufeln. Die Focaccia in den Ofen geben und etwa 20 Minuten auf mittlerer Schiene goldbraun backen.

FÜR DAS PESTO

150 ml Olivenöl
Saft und Abrieb von
1 unbehandelten Orange
3 EL gehackte Mandeln
3 getrocknete Softfeigen
15 Salbeiblätter
1 TL Honig
½ TL Salz
½ TL frisch gemahlener
schwarzer Pfeffer

Alle Zutaten in ein hohes Gefäß geben und kräftig pürieren.

Die frisch gebackene Focaccia entweder noch warm oder schon abgekühlt mit dem Pesto servieren. Eignet sich wunderbar als Snack zu einem schönen Glas italienischem Rotwein oder auch als Vorspeise vor dem Kräuter-Risotto von Seite 35.

FOODCHECK SALBEI:

★ Ich mag Salbei sehr, da er ein intensives, fruchtiges Aroma hat. Allerdings muss man etwas vorsichtig sein mit der Dosierung, da das Gericht sonst schnell nach Hustensaft schmeckt. Damit sind wir schon bei seiner Wirkung: Salbei ist traditionell ein sehr gutes Mittel bei Erkältungskrankheiten, da er u. a. antibakteriell und entzündungshemmend wirkt. Daneben hilft er auch in vielen anderen Fällen, zum Beispiel wirkt er schweißhemmend. Nicht ohne Grund wird er als universelles Heilmittel bezeichnet.

GEFÜLLTE ZUCCHINI AUF OFENPAPRIKA

Gut gefüllt ist halb gewonnen

Für 4 Personen  Glutenfrei

2 Zucchini
je 2 Oregano-, Estragon- und Thymianzweige
1 Rosmarinzweig
1 Lauchstange
100 ml Olivenöl + etwas zusätzlich zum Anbraten
150 g Ziegenfeta
50 g Mandelsplitter
Abrieb von 1 unbehandelten Zitrone
2 TL edelsüßes Paprikapulver
½ TL Salz
⅓ TL schwarzer Pfeffer
2 rote Paprika

1. Den Backofen auf 200 °C vorheizen. Die Zucchini waschen, halbieren und aushöhlen. Oregano- und Estragonblättchen sowie Rosmarinnadeln abstreifen und fein hacken. Die Thymianblättchen abstreifen.
2. Die Lauchstange in Ringe schneiden, waschen, dann in etwas Olivenöl glasig andünsten.
3. Ziegenfeta, Lauchringe, Mandelsplitter, Kräuter, Zitronenabrieb, Paprikapulver sowie Salz und schwarzer Pfeffer mischen. Die Füllung in die ausgehöhlten Zucchini geben.
4. Die Paprikaschoten waschen, so gründlich wie möglich mit Hilfe eines Sparschälers abschälen, entkernen und in Würfel schneiden. Diese in eine Auflaufform geben, mit 100 ml Olivenöl beträufeln und leicht salzen. Die gefüllten Zucchini auf die Paprikawürfel setzen und etwa 30 Minuten im Ofen goldbraun backen. Zusammen auf einem Teller anrichten.

FOODCHECK ZUCCHINI:

★ Gefüllte Zucchini erinnern mich immer an Kreta, vor allem mit einem ordentlichen Schuss gutem Olivenöl! Daneben ist es meiner Erfahrung nach ein unwahrscheinlich leichtes und sehr gut verdauliches Gemüse. Bei Menschen mit heftigen Verdauungsstörungen habe ich mit Zucchini immer gute Erfahrungen gemacht. Vor allem leichte Zucchini-Suppe zusammen mit Fenchel wirkt da Wunder.

Volker Mehl
EST. 1976
Lorsch-Wuppertal

Ghee (sprich »Ghii«) ist das reine Fett der Kuhmilch, nachdem diese einen Fermentierungs-, Butterungs- und intensiven Erhitzungsprozess durchlaufen hat. Es gibt allen Gerichten, besonders Hülsenfrüchten, eine feine Note und vertieft ihren Geschmack. *Ghee* eignet sich super zum Braten und Frittieren, da es einen sehr hohen Rauchpunkt (etwa 200 °C) hat. Durch den süßlichen und leicht nussigen Geschmack kann man es auch in süßen Speisen verwenden.

Ghee enthält einen großen Anteil an einfach und mehrfach ungesättigten Fettsäuren und ist im Gegensatz dazu frei von Milchzucker (Laktose). Anders als andere Fette regt *Ghee* das »Verdauungsfeuer« an, ist also gut bekömmlich und erhöht in einer Menge von 2 bis 4 Esslöffeln pro Tag die gesundheitsbelastenden Blutfette nicht. Allerdings sollte man dann seltener zu anderen fetthaltigen Nahrungsmitteln wie Butter, Sahnespeisen, Käse, Wurst, Fleisch, Chips etc. greifen. Gekühlt kann es auch als Butterersatz verwendet werden.

Im Ayurveda ist *Ghee* eines der hochwertigsten Nahrungsmittel, da es zum gesunden Aufbau der Gewebe beiträgt, Haut, Schleimhäute und Ausscheidungen geschmeidiger macht und den Abbau fettlöslicher Schadstoffe fördert. Es gilt als optimales Nahrungsmittel zur *Pitta*-Reduktion und als besonders rein (»sattvisch«), wodurch sich auch seine positive Wirkung auf Nerven und Psyche erklärt. Als Vorbehandlung bei Ayurveda-Ausleitungskuren wird *Ghee* kurzfristig in sehr hoher Dosierung verabreicht und auch als Heilmittel mit unterschiedlichen pflanzlichen Substanzen eingekocht.

Butterschmalz aus dem Supermarkt wird durch niedrige Hitze und Zentrifugieren gewonnen und hat deswegen nicht die gleichen positiven Eigenschaften wie *Ghee*. Fertig ist es in Bioläden bzw. im ayurvedischen Versandhandel ganz easy erhältlich. Am allerbesten kocht man es aber selbst, es geht ganz einfach:

HERSTELLUNG VON GHEE

(reines Kuhmilchfett)

1. Etwa 4 Päckchen Bio-Sauerrahmbutter in einem großen Topf langsam schmelzen lassen. Dabei die Butter etwas bewegen, damit sie nicht braun wird. Sobald sie vollständig geschmolzen ist, die Temperatur auf die kleinste Stufe zurückschalten und die Butter 30 bis 40 Minuten ohne Deckel leicht köcheln lassen. Dabei nicht umrühren, denn der Erhitzungsprozess dient zum einen dazu, das Wasser aus der Butter vollständig zu verdampfen, außerdem die Eiweißbestandteile, die am Boden des Topfes zurückbleiben, vom Fett zu trennen. Zum Test einfach kurz einen Deckel auf den Topf halten und schauen, ob sich daran Kondenswassertröpfchen gesammelt haben. Nach etwa 30 Minuten den Kochprozess gut beobachten, da die Eiweißflocken am Boden anbrennen können. Die Kochblasen sollten im Idealfall immer kleiner werden.
2. Sobald sich die milchigen Teile goldgelb verfärbt haben und das *Ghee* so klar ist, dass man den Topfboden sehen kann, die Masse durch einen Teefilter in ein sauberes Gefäß aus glasierter Keramik oder aus stärkerem Glas abseihen und auskühlen lassen.
3. Mit einer Untertasse oder einem Deckel verschlossen, lässt sich das *Ghee* bei Zimmertemperatur einige Monate lagern. Entwickelt sich bei der Lagerung ein leicht ranziger Geruch, war der Kochprozess nicht ausreichend. Vorsicht: *Ghee* nimmt schnell andere Aromen auf, deshalb sollte es auf keinen Fall offen im Kühlschrank gelagert werden.

DIE MAGENWOHL-KARTOFFEL

2 gekochte Kartoffeln
1 EL Ghee
⅓ TL Asafoetida
1 TL gemahlene Fenchelsamen
1 Prise Salz

Die Kartoffeln mit einer Gabel zerdrücken und die restlichen Zutaten untermischen.

NAHRHAFTES FÜR KÖRPER UND GEIST

Suppen für das Wuppertaler Schauspiel-Ensemble

Viele können sich ein Grinsen nicht verkneifen, wenn ich erzähle, dass Wuppertal die Stadt mit dem am meisten unterschätzten kreativen Potenzial in Deutschland, wenn nicht sogar in Europa ist. Aber warum komme ich auf so einen abgefahrenen Gedanken?

Weil Wuppertal sich anfühlt wie ein brodelnder Vulkan, der nur darauf wartet, auszubrechen! An jeder Ecke tut sich was, es gibt viele interessante Typen hier, coole Locations und günstige Mieten. So muss sich Berlin nach der Wende angefühlt haben, als Mitte und der Prenzlauer Berg noch nicht geflutet waren von 60 000-€-Geländewagen und 1500-€-Kinderwagen. Man spürt eine unglaubliche Aufbruchstimmung, an jeder Ecke blubbert es, und jeder macht einfach sein Ding. Natürlich alles etwas kleiner und überschaubarer als im großen Berlin, aber im Prinzip kann man hier richtig Gas geben. Aus diesem Grund habe ich auch nicht lange überlegt, als mich Susanne Abbrederis, die Intendantin des Schauspiels der Wuppertaler Bühnen, gefragt hat, ob ich nicht Lust hätte, die Truppe während der Inszenierung der »Wupper« von Else Lasker-Schüler mit einer warmen Suppe zu versorgen. Das Budget war natürlich, wie auch nicht anders zu erwarten, nicht besonders hoch, ich fand die Idee aber einfach gut. Jede Stadt schmückt sich gerne mit Kultur, aber die Budgets werden immer weiter zusammengestrichen, oftmals zugunsten von Investitionen in Erlöse versprechende Großprojekte. Im Ayurveda nennt man so etwas sinngemäß die »Abwesenheit von Weisheit«. Aber wenn wir schon mal bei diesem Thema sind:

Was hat es überhaupt mit Ayurveda zu tun, wenn man Schauspieler mit Suppen versorgt? Ich würde sagen, mehr, als man auf den ersten Blick sieht.

Wenn man Ayurveda als ganzheitliches Konzept versteht, macht vor allem das Thema »Entschleunigung« in unserer Zeit sehr viel Sinn. Da kann es sehr heilsam sein, wenn man sich eine kleine Auszeit gönnt und sich mal wieder zugesteht, zu träumen, rumzuspinnen und in eine andere Welt abzuhauen. Dafür ist ein Besuch im Schauspielhaus perfekt geeignet. Für zwei Stunden taucht man komplett ab, und zwar nicht in einem Kino, stattdessen lässt man sich von realen Menschen in eine andere Welt versetzen. Es ist authentisch, echt und nicht vollgestopft mit künstlichen Showeffekten. Und ganz genau darum geht es auch im Ayurveda:

ES IST AUTHENTISCH, NICHT KÜNSTLICH, UND TROTZDEM HILFT ES MIR DABEI, MEINEM ALLTAG EINE NEUE QUALITÄT ZU VERLEIHEN.

Damit das Ganze aber nicht in einem völligen Verlust der Bodenhaftung endet, sollte man immer auf die nötige Erdung achten. Dabei helfen erdende, warme Suppen, wie ich sie auch dem Ensemble des Theaters serviert habe:

TOPINAMBUR-ORANGEN-CREMESUPPE

Der Orangen-Aufheizer

Für 4 Personen  Glutenfrei

700 g Topinambur
Saft von 2 Orangen
2 rote Zwiebeln
1 grüne Chilischote
2 EL Ghee
1 TL Kurkuma
1,2 l Gemüsebrühe
½ gemahlener Muskat
4 Lorbeerblätter
1 Zucchini
4 TL Naturjoghurt, mindestens 3,8 % Fett

1. Den Topinambur schälen, in kleine Stücke schneiden und mit etwas Orangensaft beträufeln. Die Zwiebeln schälen und in Würfel schneiden, die Chilischote fein hacken.
2. Das Ghee in einem Topf erhitzen, Zwiebelwürfel und Chili dazugeben und etwa 3 Minuten glasig dünsten. Dann Topinamburstücke, Kurkuma und den restlichen Orangensaft dazugeben und kräftig vermischen.
3. Die Gemüsebrühe angießen, Muskat und Lorbeerblätter dazugeben, dann abgedeckt 25 Minuten köcheln lassen. Danach die Lorbeerblätter entnehmen und die Suppe mit Hilfe eines Mixstabes cremig pürieren. Die Zucchini in die Suppe reiben, auf Schalen verteilen und in jede Schale 1 Teelöffel Joghurt geben.

FOODCHECK TOPINAMBUR:

★ Topinambur nennt man auch »Erdartischocke«. Er enthält einen besonderen Inhaltsstoff, nämlich Inulin. Zum einen hilft dieser Wirkstoff, die Darmflora zu verbessern, und zum anderen ist er ein stärkeähnliches Kohlenhydrat, das für Diabetiker gut verträglich ist.

GRÜNES VITAL-SÜPPCHEN

Grün gewinnt & wärmt von innen

Für 4 Personen  Vegan • Glutenfrei

1 Lauchstange
150 g Brechbohnen
250 g Rosenkohl
1 EL Fenchelsamen
100 ml Olivenöl
100 g TK-Erbsen
1 Prise Asafoetida
1,2 l Gemüsebrühe
1 TL Amchur (Mangopulver)
Salz und frisch gemahlener schwarzer Pfeffer
1 Bund frisch gehackter Dill

1. Die oberen 5 cm der Lauchstange abschneiden und zur Herstellung einer selbstgemachten Gemüsebrühe zur Seite stellen. Den Rest in Ringe schneiden und gut waschen. Die Bohnen ebenfalls waschen und in Stücke schneiden. Den Rosenkohl waschen und halbieren. Die Fenchelsamen grob mörsern.
2. Das Olivenöl in einem Topf erhitzen, dann Fenchelsamen, Asafoetida und das Gemüse dazugeben und alles 3 Minuten glasig dünsten. Mit der Gemüsebrühe aufgießen, das Amchur dazugeben und bei geschlossenem Deckel 25 Minuten köcheln lassen. Die Suppe mit Hilfe eines Mixstabes fein pürieren und durch ein Sieb gießen. Zum Schluss mit Salz und Pfeffer abschmecken und mit dem Dill bestreuen.

FOODCHECK AMCHUR:

★ Amchur wird aus grünen, unreifen Mangos hergestellt. Zuerst trocknet und anschließend mahlt man ihr Fruchtfleisch. Amchur ist neben Tamarindenpaste eine der Alternativen für Säure und Essig in der ayurvedischen Küche. Man hat schon sehr früh festgestellt, dass sich ein Übermaß von Säure extrem schädlich auf den Körper, vor allem auf Schleimhäute und Blut, auswirkt. Deshalb versucht man, den Körper so wenig wie möglich mit Säuren zu belasten.

BLUMENKOHL-BIRNEN-CREMESUPPE

Perfekt für kalte Herbsttage

Für 4 Personen  Vegan • Glutenfrei

1 Blumenkohl
1 Birne
1 Bund Lauchzwiebeln
2 EL Ghee
1 EL Currypulver
1 Prise Asafoetida
1,2 l Gemüsebrühe
1 EL gehackter Ingwer
50 g geröstete Mandelblättchen
1 Bund frischer Rucola
Salz, frisch gemahlener schwarzer Pfeffer und Muskat zum Abschmecken

1. Den Blumenkohl waschen und in Stücke schneiden. Die Birne waschen, entkernen und ebenfalls in Stücke schneiden. Die Lauchzwiebeln waschen und in Ringe schneiden.
2. Das Ghee in einem Topf erhitzen, Ingwer, Currypulver und Asafoetida dazugeben und etwa 20 Sekunden anschwitzen. Dann Lauchzwiebelringe, Blumenkohl- und Birnenstücke dazugeben und 3 Minuten glasig andünsten.
3. Die Gemüsebrühe angießen und bei geschlossenem Deckel 20 Minuten köcheln lassen. Dann die Mandelblättchen dazugeben und die Suppe mit Hilfe eines Mixstabes pürieren. Den Rucola grob hacken und in die Suppe geben. Mit Salz, Pfeffer und Muskat abschmecken und auf Schälchen verteilen.

FOODCHECK ASAFOETIDA:

★ Asafoetida ist das getrocknete und gemahlene Wurzelharz des Asantstrauches. Es hat ein intensives, an Zwiebel erinnerndes Aroma. Eingesetzt wird es vor allem bei Blähungen, Verstopfung und als Nerventonikum.

★ Daneben schreibt man ihm auch eine aktivierende, aphrodisierende Wirkung zu.

SÜẞKARTOFFEL-KOKOS-SUPPE MIT GERÖSTETEM SESAM

Stress adé

Für 4 Personen  Vegan • Glutenfrei

500 g Süßkartoffeln
1 Bund Lauchzwiebeln
4 EL Sesamöl
2 TL frischer gehackter Ingwer
2 EL Currypulver
800 ml Gemüsebrühe
200 ml Kokosmilch
2 EL Sesam

1. Die Süßkartoffeln schälen und in etwa 3 cm große Würfel schneiden. Die Lauchzwiebeln waschen und in Ringe schneiden. Das Sesamöl in einer Pfanne erhitzen, Süßkartoffelwürfel, Lauchzwiebelringe und Ingwer dazugeben und kurz darin anbraten. Das Currypulver dazugeben und alles gut mischen.
2. Dann Gemüsebrühe und Kokosmilch angießen und 20 Minuten köcheln lassen. Anschließend mit einem Mixstab grob pürieren. Den Sesam in einer Pfanne ohne Fett anrösten, die Suppe in Schälchen anrichten und den Sesam vor dem Servieren über die Suppe streuen.

FOODCHECK SÜẞKARTOFFEL:

★ Mal abgesehen von ihrem hohen Vitamin-A- und Beta-Karotin-Gehalt ist die Süßkartoffel einer meiner Lieblinge. Egal, ob als Suppe, Stampf oder Pommes, dank ihres süßen, erdenden Geschmacks ist sie das perfekte Anti-Stress-Food!

LIEBE DEINE HEIMAT

REISE 2

Auf Reise zwei meiner Tour, die mich von Wuppertal über Kassel nach St. Peter-Ording führt, lerne ich, dass ich in diesem Leben wohl nicht mehr zum lässigen Surfer werde, das Leben an der See aber eindeutige Vorteile in Form von leckerem Essen und entspannten Gesprächspartnern hat. Weiter drüben in Kiel koste ich heimisches Ostseesalz und atme den Duft von Meer und Wiesen. Aber nicht nur oben im Norden, sondern auch weiter unten im Osten gibt's einiges zu entdecken, unter anderem den Dresdner Bio-Pionier und Ladenbesitzer René und zwei coole Brüder, die mit einer bayrisch-asiatischen Natur-Oase ein echtes Paradies für verlorene Großstadt-Nomaden geschaffen haben.

LOKAL GEWINNT ODER WARUM IN DIE FERNE SCHWEIFEN….

Auf Rundreise durch Deutschland

Die große Kunst liegt darin, radikal zu sein, eine Wahl zu treffen, die spezifisch erscheint und erst einmal weniger Leute erreicht.« Im Nachhinein trifft dieses Zitat von Nicolas Ghesquière, Kreativdirektor von Louis Vuitton, den Spirit meiner zweiten, diesmal auch richtig langen Reise ganz gut. Auf über 2000 Kilometern Autobahn in einer Woche sammelt man eine Menge Eindrücke, trifft die verschiedensten Leute, sieht unterschiedliche Landschaften an sich vorbeiziehen und kann seine Gedanken schweifen lassen.

Dabei kam ich ziemlich schnell zu dem Ergebnis, dass meine Erwartungen in einer Hinsicht relativ gut erfüllt wurden, nämlich dass ich eher auf eine neugierige Erkundungstour gehen wollte als auf eine Reise, die mir blitzschlagmäßige Erleuchtungen bringt. Eine erste Erkenntnis war mit Sicherheit, dass das Unterwegssein an sich deutlich spannender ist als die Erwartung eines ganz bestimmten Ergebnisses. Man sollte immer offen sein für das, was kommt, egal, in welche Richtung es geht. Da fällt mir eine Textzeile aus dem Song »Drive« von Incubus ein – *whatever tomorrow brings, i'll be there with open arms and open eyes.* Will heißen: Was auch immer der nächste Tag für dich bereithält, begegne ihm mit offenen Armen und Augen.

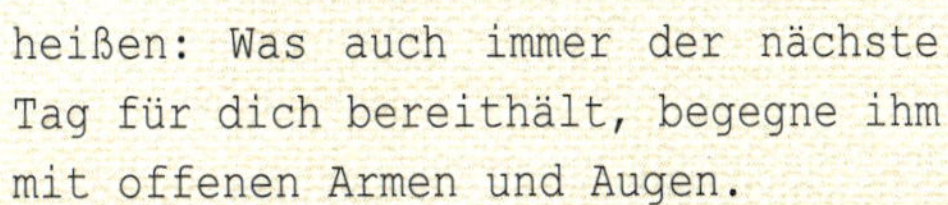

Wer sich nicht nur in Gedanken, sondern auch mit dem ganzen Körper öffnen möchte, kann das mit einer ganz einfachen Übung aus dem Yoga machen. Für diesen kleinen »Brustöffner« ein Handtuch oder eine Decke zu einer Wurst zusammenrollen und quer auf die Yoga-Matte legen. Auf dem Rücken darauflegen und dabei darauf achten, dass die Rolle auf Brusthöhe positioniert ist. Die Hände mit leichtem Abstand zum Körper auf den Boden legen und die Handflächen nach oben drehen, so dass unter den Achseln etwas Raum entsteht. Die Füße etwa hüftweit auseinander ablegen und die Zehen locker nach außen fallen lassen. So lange liegen bleiben, wie

es dir guttut, und dabei ruhig und gleichmäßig atmen. Ach ja, ein paar schöne Gedanken an dieser Stelle sind sicherlich auch nicht verkehrt.

Aber um auf das anfangs genannte Zitat zurückzukommen: Obwohl ich im Internet gepostet habe, welche Stationen ich anfahren werde, war es tatsächlich nicht leicht, spannende Tipps und Übernachtungsmöglichkeiten für meine Tour zu erhalten. Woraus man aber auch wieder eine Erkenntnis ableiten kann, ganz nach dem Motto:

»WENN DU VOM LEBEN WAS WILLST, DANN MUSST DU ES DIR SCHON HOLEN, EGAL, WAS DU VERMEINTLICH SCHON ERREICHT HAST.«

Glück, Liebe, Entspannung, nichts davon klopft einfach an die Tür, man muss schon etwas dafür tun, um das alles in sein Leben zu lassen.

Eine weitere (eigentlich nicht wirklich neue) Erkenntnis war auf jeden Fall auch, wie wenig die Menschen über das Thema Ayurveda wissen. Außerhalb der Ayurveda-Szene kann man im Prinzip sagen, niemand. So etwas hatte ich ja schon geahnt, aber es dann live quer durch die Republik zu erleben, ist schon sehr einprägsam. Das stärkt natürlich auch die Motivation für dieses Buch und das Bedürfnis, immer weiter nach draußen zu tragen, wie sehr es sich lohnt, seinen Horizont zu erweitern und sich eine neue Dimension für sein Leben zu erschließen. Mehr Ayurveda fürs Volk.

Aber genug philosophiert, los geht's mit der Reise:

An Tag eins lade ich meine Freundin Leonie und unseren Labrador Henri in Wuppertal in unseren blauen Camping-Bulli, denn wenn schon auf Achse, dann so richtig kultig. So geht's also mit Frau und Hund ab in Richtung Norden. Die Wettervorhersagen sind ziemlich bescheiden, und auf eine Woche Camping im Nassen habe ich überhaupt keinen Bock, passend zum Start regnet es dann auch. Das macht aber erst mal nichts, denn unser erster Zwischenstopp in Kassel kommt bald. Es ist ein kleiner Laden, in dem man »Vöner« essen kann, also einen veganen Döner auf Seitan-Getreide-Basis, eine Art Fleischersatz aus Weizeneiweiß. Der Laden heißt »Das kleine glückliche Bergschweinchen« und macht mir als bekennendem Gegner von Pseudo-Fleisch trotzdem Lust, das mal zu probieren. Außerdem teste ich im Sinne von Selbsterfahrung und Offensein sowieso alles – siehe oben. Wir teilen uns einen Vöner-Teller, auf dem auch sehr leckere selbstgemachte Pommes sind – Daumen hoch dafür. Der Vöner selbst schmeckt vor allem nach

Rosmarin und Tomatensauce, aber für alle, die nicht auf den Biss von Fleisch verzichten können, ist das mit Sicherheit auch mal eine Alternative.

MEINE VARIANTE DES VÖNERS

Chapati
Für 15–20 Stück

350 g Weizenmehl
150 ml Wasser
50 ml Olivenöl
1 TL Salz

Aus den Zutaten einen weichen Teig kneten und 30 Minuten stehen lassen.
Aus dem Teig Kugeln formen und diese auf einer bemehlten Arbeitsfläche zu flachen Fladenbroten ausrollen. Die Chapatis in einer heißen Pfanne backen, bis sie anfangen, Blasen zu werfen.
Dann die Chapatis auslegen – zur Not tut's auch ein dünn gebackener Pizzateig – und mit zum Beispiel Grillgemüse, Süßkartoffeln, Gurke oder Radieschen belegen. Hier gilt: Gut ist, was der Kühlschrank hergibt. Zum Schluss etwas Ziegenfeta darüberbröckeln, zusammenrollen und ordentlich reinhauen.

FOODCHECK WEIZEN:

★ Im Ayurveda teilt man nicht die mittlerweile grassierende Weizen- und Gluten-Paranoia. Gleichwohl ist man dennoch sehr zurückhaltend, was ein Übermaß an Brotverzehr angeht. Weizen ist traditionell ein sehr hochwertiges Getreide, sehr nahrhaft und gut zu verdauen. Dabei darf man nicht vergessen, dass es zu der Zeit des Ayurveda noch keinen manipulierten und gespritzten Gen-Weizen gab. Man sollte ihn auch immer warm und in verträglichen Mengen konsumieren. Also nicht dreimal am Tag Brot plus viermal die Woche Nudeln und Pizza. Bei einem durchschnittlichen Bewegungsradius von unter einem Kilometer am Tag hält das keine Verdauung aus. Von daher ist Brot im Ayurveda nicht viel mehr als ein Löffelersatz, um seinen Teller auszuwischen.

SURFEN AUF DER HEIMATWELLE

Auch wenn aus mir kein Surfer mehr wird …

Frisch gestärkt – mit Thomas D's *Rückenwind* in den Ohren und der warmen Abendsonne im Gesicht – geht's dann wirklich los in den hohen Norden, genauer gesagt ins Beach Motel nach St. Peter-Ording, einer sehr coolen Location direkt hinterm Deich.

Bei aller Liebe zu unserem kleinen blauen Campingbus mit seinen Polstersitzen muss ich schon sagen, dass ich sehr auf gut gemachte Hotellerie und ein weiches Bett stehe, deshalb ist große Vorfreude angesagt.

Meine Erwartungen werden nicht enttäuscht. Das Hotel ist ähnlich wie die amerikanischen Strandhäuser der Hamptons gebaut und von der Atmosphäre sehr relaxt im Surfer-Style gehalten. Verbinden viele die Nordsee mit dem typischen Klischee von Fischbrötchen, Butterfahrten, Strandkorb und Pension Klabautermann mit Tante-Hilde-Gedächtnis-Ausstattung, kann man hier sein cooles Heimatwunder erleben. Angefangen bei der Tapete mit lässigem Wellenmotiv über den hammermäßigen Blick vom Balkon aus direkt in die Dünen, stehen

hier Entspannung und »Raus aus dem Alltag« auf dem Programm. Und wer sich dann noch die hoteleigenen »Beach House Rules« zu Herzen nimmt, kann gar nicht mehr anders als runterkommen. Das Schöne dabei ist, dass nichts gewollt und aufgesetzt wirkt. Man duzt sich, nicht aus Unverschämtheit, sondern aus Überzeugung. »Hier sind alle gleich«, erklärt uns Marco, der Hoteldirektor. Das Hotel hat 2013 eröffnet und schlug sofort ein wie eine Bombe. Es bleibt kaum Zeit, die Zimmer zu renovieren, was bei einer Auslastung von 93 Prozent auch extrem verständlich ist.

HEIMATURLAUB IST SCHWER »IN«, BESTÄTIGT AUCH MARCO.

Die Gäste sind bunt gemischt, auch Senioren und Familien mit Kindern und Hund, es soll vor allem offen, leicht und relaxt zugehen. Wobei, die typischen Surfer-Boys sucht man im Hotel hier vergeblich. »Ihnen ist das hier zu schick«, meint Marco, »die Jungs pennen lieber in ihrem Bus auf dem hoteleigenen Bulli-Parkplatz oder wollen maximal eine Bretter-Bude am Strand.« Genau das ist auch die Idee vom nächsten Beach Motel in Heiligenhafen, denn dort wird es neben dem Hotel auch kleine Strandbutzen aus Holz für die Surfer-Gang geben. Ich persönlich werde mit Sicherheit kein Surfertyp mehr werden. Mir reicht dann die grüne Strickmütze, die mir Leo im Surferladen des Hotels gekauft hat.

Auf dem Parkplatz des Hotels machen wir dann eine Bekanntschaft, wie ich sie mir für das Buch wünsche. Gerade als wir unsere Klamotten einladen wollen, spricht uns eine supernette junge Familie an. Alex, Regina und ihre zwei Kids sind ursprünglich aus Schwaben, leben jetzt aber in Hamburg und sind für eine Nacht mit ihrem Bus nach St. Peter-Ording gekommen, um sich ein bisschen Meerluft um die Nase wehen zu lassen. Sozusagen Heimaturlaub live! Die beiden haben natürlich auch keine Ahnung von Ayurveda, aber das müssen sie auch nicht unbedingt. In meinen Augen steckt in der Fähigkeit, die Gelegenheit beim Schopf zu packen und bei schönem Wetter mit Kind und Kegel an den Strand zu fahren, die Zehen in den Sand zu graben und als Städter mal wieder ein bisschen die Elemente und die Verbundenheit zur Natur zu spüren, auch ein bisschen Ayurveda. Als Dankeschön für ihre Fotomodel-Arbeit schenke ich ihnen mein Familienkochbuch, ich bin gespannt, ob sie ein paar Sachen daraus für sich entdecken. ›Ihr vier, danke noch mal, wir sehen uns in Hamburg wieder, und dann kochen wir gemeinsam!‹

Nach einer extrem entspannten Nacht mit Meeresrauschen im Ohr geht es am nächsten Morgen zuerst weiter nach Kiel und anschließend nach Mecklenburg-Vorpommern an die Ostsee. Der Weg von St. Peter-Ording nach Kiel führt uns zuerst mal an dem kleinen Örtchen Welt vorbei, ein Dorf in Nordfriesland – nicht wirklich spektakulär, aber wann hat man schon mal die Chance, sich mitten in der Welt und doch ein kleines bisschen alleine zu fühlen? Ach ja, nicht zu vergessen, da waren natürlich auch noch die schwarz-weiß gefleckten Kühe, die so typisch für das Bild von Friesland sind.

Welt
Kreis Nordfriesland

WEIßE-BOHNEN-SALAT MIT BÄRLAUCH-MAYO

(Matjes-Salat mal anders)

Der klassische Matjes-Salat ist streng genommen nicht so wirklich im Sinne des Ayurveda. Rohe Zwiebeln, rohe Äpfel, Mayo, Fisch und auch noch Sahne sind ziemlich brutale Brocken für die arme Verdauung. Sorry, Norddeutschland, aber kein Wunder, dass ihr hinterher alle einen Schnaps zur Verdauung braucht.
Bei Fisch geht es uns ja im Prinzip vor allem um das Eiweiß und die hochwertigen Fette, in diesem Fall sind Bohnen und Olivenöl hervorragende Alternativen:

Für 4 Personen  **Vegan • Glutenfrei**

- 400 g weiße Bohnen
- 4 l Salzwasser + 6 Lorbeerblätter
- 2 Äpfel
- 2 rote Zwiebeln
- 1 kleines Glas Gewürzgurken
- 3 EL Olivenöl
- 200 g Bärlauch-Mayo (S. 57)
- 2 TL Rohrzucker
- 1 TL Salz
- 1 Bund frische gehackte Petersilie

1. Die Bohnen über Nacht in kaltem Wasser einweichen und anschließend mit den Lorbeerblättern in Salzwasser etwa 1 Stunde bissfest kochen. Die Äpfel waschen, halbieren und entkernen, dann in kleine Würfel schneiden. Die Zwiebeln ebenfalls schälen und würfeln. Die Gurken abgießen und in Streifen schneiden.
2. Zuerst das Olivenöl in einer Pfanne erhitzen, dann Apfel- und Zwiebelwürfel darin 5 Minuten glasig dünsten. Alles zusammen mit den restlichen Zutaten in eine große Schüssel geben, gründlich mischen und über Nacht ziehen lassen.

VEGANE BÄRLAUCH-MAYO

Es geht auch ohne Ei

Für 4 Personen  Vegan • Glutenfrei

100 ml Sojamilch
2 EL frischer gehackter Bärlauch
2 EL Zitronensaft
1 TL Senf
½ TL Salz
1 TL Kurkuma
250 ml Pflanzenöl

Alle Zutaten bis auf das Öl in einen Mixer geben und auf niedrigste Stufe stellen. Während des Mixvorganges das Öl langsam und kontinuierlich in einem dünnen Strahl eingießen, bis die Mischung eindickt. So lange weitermischen, bis eine geschmeidige Masse entstanden ist.

FOODCHECK BÄRLAUCH:

★ Bärlauch hat ähnliche Inhaltsstoffe wie der Knoblauch und gilt als extrem vielfältig in der Anwendung. Zum Beispiel fördert er die Verdauung, er verhindert außerdem Arteriosklerose und senkt den Blutdruck.

DITHMARSCHER MEHLBEUTEL MIT SCHARFEM LAUCHGEMÜSE

Da steckt ordentlich Dampf drin …

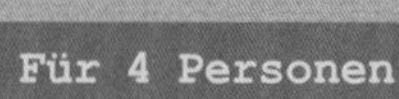

FÜR DIE MEHLBEUTEL

4 Eier
400 ml Milch
400 g Mehl
80 g Butter
1 TL Salz
Abrieb von 1 unbehandelten Zitrone
Suppengrün (zum Beispiel Lauch, Sellerie, Karotten, Petersilie etc.)
6 Lorbeerblätter
6 Wacholderbeeren
3 Nelken

1. Für die Mehlbeutel die Eier trennen. Dann Milch, Eigelb, Mehl, Butter, Salz und Zitronenabrieb zu einem glatten Teig verarbeiten. Das Eiweiß steif schlagen und unter den Teig heben, anschließend 1 ½ Stunden ruhen lassen.
2. Ein großes Küchentuch anfeuchten und mit etwas Mehl bestäuben. Den Teig hineingeben, zusammenschlagen und gut zubinden.
3. Das Küchentuch in einen großen Topf mit kochendem Wasser geben, dann Suppengrün, Lorbeerblätter, Wacholderbeeren und Nelken dazugeben und etwa 1 Stunde köcheln lassen. Dann auskühlen lassen und zum Servieren in fingerdicke Scheiben schneiden.

Tradtitionell wird geräucherter Schweinebauch in das Kochwasser gegeben und später dazugegessen. Ich mache eine Variante mit scharfem Lauch und Kümmel, denn der Kloß liegt sonst wie ein Stein im Magen. Es sei denn, man hat vorher ordentlich geschuftet.

FÜR DAS LAUCHGEMÜSE

2 grüne Chilischoten
3 Lauchstangen
4 EL Olivenöl
1 EL Kümmel
Salz und frisch gemahlener schwarzer Pfeffer

4. Für das Lauchgemüse zuerst die Chilischoten fein hacken. Dann die oberen 5 cm der Lauchstangen abschneiden und für eine selbstgemachte Gemüsebrühe zur Seite stellen. Den Rest in Ringe schneiden und gut waschen.
5. Das Olivenöl in einer Pfanne erhitzen, die Lauchringe dazugeben und kräftig anbraten, bis sie beginnen, braun zu werden. Chili und Kümmel dazugeben, kräftig mischen und noch weitere 3 Minuten dünsten lassen. Mit Salz und Pfeffer abschmecken.
6. Die Mehlbeutelscheiben zusammen mit dem Lauchgemüse anrichten.

FOODCHECK LAUCH:

★ Der Lauch steckt voller gesunder Inhaltsstoffe, zum Beispiel Eisen, Kalium und auch Vitamin C. Bei Appetitlosigkeit oder Darmentzündungen schafft der Lauch Abhilfe. Mit seinen ätherischen Ölen wirkt er verdauungsfördernd, harntreibend und schleimlösend, und leidet man unter Frühjahrsmüdigkeit, bringt er einen auf Trab.

SCHNÜSCH – HOLSTEINER GEMÜSE-EINTOPF

Herzhaftes aus dem Norden

Für 4 Personen

3 Karotten
1 Kohlrabi
3 Kartoffeln
250 g dicke Bohnen
250 g grüne Bohnen, geputzt und den Faden gezogen
300 ml Gemüsebrühe
½ l Milch
200 g Sahne
⅓ TL Muskatnuss
½ TL Rohrzucker
50 g Butter
30 g Mehl
200 g frische Erbsen (alternativ TK-Ware)
2 EL frischer gehackter Kerbel
3 EL frische gehackte Petersilie
Salz und frisch gemahlener schwarzer Pfeffer

1. Karotten, Kohlrabi und Kartoffeln schälen und in mundgerechte Stücke schneiden.
2. Die dicken Bohnen in reichlich Salzwasser 5 bis 6 Minuten kochen, dann abgießen und in kaltem Wasser abschrecken; dann aus den Schalen drücken.
3. Die grünen Bohnen ebenso 5–6 Minuten in Salzwasser blanchieren und abschrecken. Alles bis zur Verwendung zur Seite stellen.
4. Die Gemüsebrühe mit Milch und Sahne erhitzen, mit Salz und Pfeffer würzen und mit Muskatnuss und Zucker abschmecken. Karotten, Kohlrabi und Kartoffeln dazugeben und 20 Minuten köcheln lassen.
5. Die Butter mit dem Mehl in einer kleine Pfanne kurz ausschwitzen, im Eintopf verrühren, dann Bohnen und Erbsen dazugeben und nochmals 3 Minuten köcheln lassen. Zum Schluss mit Kerbel und Petersilie bestreuen.

FOODCHECK BOHNEN:

★ Bohnen zählen zu den besten pflanzlichen Eiweißlieferanten. Aber Achtung: nicht roh essen, denn sie enthalten u. a. auch das giftige Eiweiß Phasin, das erst beim Kochen zerstört wird. Durch die enthaltenen komplexen Kohlenhydrate, die vom Dünndarm nur etappenweise resorbiert werden, gelangen sie auf die gleiche Weise in den Dünndarm und halten so den Blutzuckerspiegel konstant. Deshalb sind sie gut für Diabetiker geeignet.

SELBSTGEMACHTE APFELRINGE

Gab's immer freitags bei meiner Oma

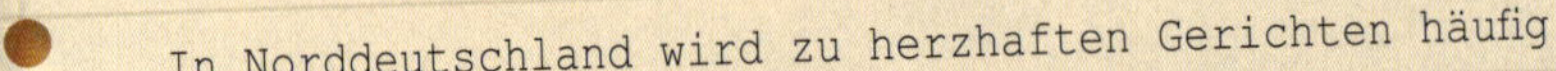

In Norddeutschland wird zu herzhaften Gerichten häufig Trockenobst gegessen. Die leckeren Apfelringe kann man natürlich auch als süßen Snack für zwischendurch mitnehmen und auch mit anderen Obstsorten wie zum Beispiel Birnen variieren. Und so geht's:

Für 4 Personen  Vegan • Glutenfrei

10 Äpfel
Saft von 2 Zitronen
runde Holzstäbe von ca. 0,5 cm Durchmesser, z. B. aus Bambus. (Sie sollten so lang sein wie die Breite eines Backblechs, damit man sie in die Führungsschiene des Ofens einhängen kann.)

1. Den Ofen auf 70 °C Umluft vorheizen. Das Kerngehäuse ausstechen und die Äpfel in etwa 0,5 cm dicke Scheiben schneiden, dann mit dem Zitronensaft beträufeln.
2. Die Äpfel auf die Holzstäbe auffädeln und in den Ofen hängen.
3. Die Ofentür leicht geöffnet lassen und die Äpfel 6 Stunden darin trocknen.
4. Da die ganze Prozedur vom Energie-Standpunkt aus gesehen natürlich nicht wirklich der Knaller ist, sollte man unbedingt auf Vorrat produzieren. Aber die Ringe schmecken so gut, dass sie es wert sind.

FOODCHECK APFEL:

★ Fast jeder kennt den Apfel als 1a-Vitaminlieferant – ich sage nur »An apple a day....«. Seine Schale enthält besonders viel Vitamin C, deshalb die Frucht besser nicht schälen. Aufgrund der vielen Ballaststoffe wirken Äpfel anregend auf eine träge Verdauung.

CHRISTOPH, EIN GESALZENER LOKALPATRIOT

Wie man Ideen in die Tat umsetzt

Aber unser eigentliches Ziel ist Kiel, wo ich einen lustigen Typen namens Christoph treffen will. Er produziert Ostseesalz, das er mittlerweile auch sehr erfolgreich verkauft.

Ein Telefonat und eine spontane Zusage später sitzen wir auf der Terrasse seines kleinen Häuschens. Er ist ein interessanter Mensch, der schon einiges in seinem Leben ausprobiert hat, und die Tatsache, dass er auch Hesse ist, macht ihn mir schon mal sehr sympathisch. Ursprünglich hatte er in Frankfurt einen Laden für High-End-Musikanlagen, als die Geschäfte durch den zunehmenden Verkauf übers Internet aber immer mehr abnahmen und familiäre Gründe ihn nach Kiel führten, musste er sich ganz neu orientieren. Die Idee mit dem Salz kam ihm dann ganz spontan beim Kochen zu Hause. Er benutzte Meersalz zum Würzen und fragte sich plötzlich, ob man das Salz nicht auch aus der Ostsee gewinnen konnte. Gesagt, getan, reaktivierte er seine Kenntnisse aus dem Chemie-Leistungskurs und besorgte sich gefiltertes Wasser aus einer Fischfarm und dampfte fröhlich, aber ziemlich planlos drauflos. Er stellte schnell fest, dass die Ostsee einen ziemlich geringen Salzgehalt hat und er deshalb auch etwas länger auf sein Salz warten musste. Aber die geduldige Dampferei hat sich gelohnt, mit den ersten Salzproben in der Tasche ging er zu örtlichen Händlern und präsentierte ihnen sein Produkt. Die Resonanz war überragend, denn er hörte Sätze wie: »Bring mir so viel davon, wie du produzieren kannst!« Mittlerweile verdampft er 1000 Liter Wasser und produziert mehrere hundert Einmachgläser Salz täglich. Und das wird noch nicht das Ende sein. Dabei ist er Lokalpatriot mit Leib und Seele, auch wenn er früher mal

die Idee hatte, in die Staaten auszuwandern. Zum Glück ist er geblieben, sonst wäre uns ein wunderbares Naturprodukt entgangen und ein klasse Typ, der seiner Heimat die richtige Würze verpasst!

Zum Thema Salz ist aus ayurvedischer Sicht einiges zu sagen: Mäßig dosiert regt es die Speichelproduktion an und aktiviert die Verdauungssäfte, es reduziert also *Vata* und hat einen positiven Einfluss auf *Pitta*. Wenn man also an einer Verdauungsschwäche leidet, sollte man etwa 10 Minuten vor dem Essen eine Mischung aus 1 Prise Salz, etwas Ingwer- und Kreuzkümmelpulver einnehmen. Das Verdauungsfeuer wird unterstützt – es wirkt quasi wie ein Grillanzünder für unsere Verdauung. Vorsichtig sollte man aber bei der Überdosierung von Salz sein, denn ein Zuviel davon kann schnell eine schädliche Wirkung haben. Es kann *Pitta* aus dem Gleichgewicht bringen und zu Durchfall, Entzündungen, Bluthochdruck oder auch unreiner Haut führen.
Auch die Art des Salzes ist von Bedeutung: Meersalz entsteht durch Verdunstung des Wassers, es ist reich an *Kapha*-Energie, hat aber gleichzeitig auch die schwächste verdauungsfördernde Kraft. Steinsalz dagegen hat die stärkste verdauungsfördernde und stoffwechselanregende Energie. Daneben enthält es auch noch viele wertvolle Mineralien und Spurenelemente.

Nach der langen Fahrt und dem Gespräch meldet sich dann langsam der Hunger, aber zum Glück konnte uns Christoph einen guten Tipp geben. Eine Fischbar direkt am Kai. Die ist angeblich Kult in Kiel und hat auch für Vegetarier etwas im Angebot. Das klingt super, und die Bar ist tatsächlich einen Besuch wert: Ein umgebauter Container, etwas Sand, Strandkörbe, und fertig ist die Bude. Die beiden Betreiber sind auch richtig gut drauf, absurderweise stand ihre Bude vorher jahrelang leer, und keiner kam in Kiel auf die Idee, frische Fischbrötchen aus lokaler Produktion anzubieten! Aber wer nicht schnallt, dass das Naheliegendste manchmal auch das Beste ist, ist selber schuld. Natürlich kommt's aber auch darauf an, wie man es anpackt, und da haben die Jungs von der Fischbar ganz klar alles richtig gemacht. Auch hier zeigt sich wieder:

HEIMATLIEBE MUSS WEDER ALTMODISCH NOCH VERSTAUBT SEIN, SIE KANN AUCH RICHTIG ROCKEN.

Mittlerweile brummt der Laden, und sie expandieren weiter, da kommt sogar regelmäßig der Ministerpräsident vom Landtag rüber, und wenn es dann mal was zu klären gibt, machen es die Jungs auf dem kurzen Dienstweg.

Nach einem »I hate Fish-Brötchen« zur Stärkung machen wir uns auf zu unserem Schlafplatz nach Stellshagen in Mecklenburg-Vorpommern direkt an der Ostsee. Wer Weite und Ruhe sucht, ist hier oben genau richtig. Es herrscht eine ganz eigene Stimmung, so ein bisschen wie aus der Zeit gefallen. Wunderschöne Natur und das magische tiefe Blau der Ostsee. Ich kann jetzt gut verstehen, warum es viele Maler bis heute in diese Ecke zieht, das Licht ist hier ganz besonders. Wir kommen auf jeden Fall wieder. Jetzt steht aber noch die Etappe nach Potsdam auf dem Plan. Heute ist die erste Nacht im Bulli angesagt. Ich habe noch nie in einem Bulli geschlafen – auch eine Form von Bewusstseinserweiterung, aber zum Glück eine mit Standheizung.

Die Fahrt über die Autobahn Wismar in Richtung Potsdam hat für jemanden aus NRW schon fast etwas Unheimliches. Wunderbar schlaglochfreie Autobahnen und eine Verkehrslage, die einen kurz überlegen lässt, ob man nicht doch die Inliner anziehen sollte, um den genialen Straßenbelag zu nutzen; das macht richtig Laune. Von Potsdam hört man ja nur Gutes: viel Natur, viel Wasser, viel Kultur. Vor allem für die Kultur sind wir diesmal aber leider zu müde. Wir machen einen kleinen Spaziergang durch das wirklich sehr schöne holländische Viertel und beschließen, den Tag mit einer Grillsession am See zu beenden. Also noch schnell ein paar Zutaten besorgt, und dann geht's ab auf den königlichen Campingplatz zu Potsdam im Park zu

Sanssouci – alter Fritz, wenn das mal nix ist! Hoffentlich funktioniert die Standheizung.
Der Platz ist echt sehr schön, aber ich hatte Camping günstiger in Erinnerung. Zwei Erwachsene, ein Bulli und ein halber Labrador kosten knapp 40 € am Tag. Aber gut, dafür können wir uns den Stellplatz fast aussuchen. Die erste Wasserreihe ist natürlich in guter deutscher Manier Handtuch-mäßig vorreserviert. Uns reicht dann auch die zweite Reihe. Den Einweggrill gepackt und los ans Wasser. Das macht echt mal wieder Spaß, denn das letzte Camping-Grillerlebnis hatte ich vor Jahren auf einem Festival mit ein paar alten Kumpels. Hier geht es eindeutig zivilisierter zu.

Wir haben einen sehr schönen Abend am See, und bis auf den »Zwischenfall«, bei dem Henri dem holländischen Bikerpaar von nebenan klatschnass und sich schüttelnd durch ihr Abendessen rennt, endet der Tag sehr entspannt und muckelig warm in unserem Bulli.

I HATE FISH-BRÖTCHEN

Viele Grüße nach Kiel

LEINSAMEN-AMARANT-BRÖTCHEN

Für 10–12 Stück  Vegan

½ Würfel Frischhefe
1 TL Rohrzucker
5 EL Olivenöl
300 ml lauwarmes Wasser
500 g Dinkelmehl
100 g fein gemahlener Amarant
50 g Leinsamen
2 TL Salz

1. Die Hefe in einer großen Schüssel zusammen mit Zucker und Olivenöl in das lauwarme Wasser einrühren. Dann Mehl, Amarant, Leinsamen und Salz dazugeben und zu einem geschmeidigen Teig kneten. Diesen an einem warmen Ort 1 Stunde gehen lassen.
2. In der Zwischenzeit den Ofen auf 220 °C vorheizen. Den Teig danach nochmals auf einer bemehlten Arbeitsfläche leicht kneten und in 8 bis 10 Portionen teilen. Runde Brötchen daraus formen und noch mal 15 Minuten gehen lassen.
3. Die Brötchen auf ein mit Backpapier ausgelegtes Backbleck geben und mit etwas Wasser bestreichen. Dann kreuzweise einschneiden und 25 Minuten goldbraun backen.
4. Zum Anrichten die Brötchen auskühlen lassen und mit der Creme bestreichen. Die Kirschtomaten hacken und mit der Petersilie darauflegen, zum Schluss je einen Brötchendeckel aufsetzen.

WEIßE-BOHNEN-AUFSTRICH

Für 4 Personen | Vegan

1 rote Zwiebel
Olivenöl zum Anbraten + etwas zusätzlich, falls die Masse nicht geschmeidig genug wird
300 g gekochte weiße Bohnen
50 ml Gemüsebrühe
1 EL Senf
1 TL Currypulver
1 TL gemahlener Kreuzkümmel
½ TL Räuchersalz
½ TL zerstoßener roter Pfeffer
2 EL frische gehackte Petersilie
8 Kirschtomaten

1. Die rote Zwiebel schälen, in Würfel schneiden und in etwas Olivenöl glasig dünsten.
2. Dann alle Zutaten, bis auf Petersilie und Kirschtomaten, in ein hohes Gefäß geben und zu einer sämigen Masse pürieren. Wenn die Masse etwas zu dick sein sollte, etwas Olivenöl nachgießen.

FOODCHECK AMARANT:

★ Bei Amarant handelt es sich nicht um Getreide, sondern um stärke- und eiweißhaltige Pflanzensamen des Gartenfuchsschwanzes. Man kann ihn aber wie Getreide nutzen, zum Beispiel zum Backen oder porridgeähnlich gekocht als warmes Frühstück. Deshalb ist er gerade für Zöliakiepatienten eine gute Alternative zum herkömmlichen Getreide.

Was ist essenziell, und wie viel Nahrung braucht man wirklich? Je länger ich mich mit dem Thema Kochen beschäftige, desto mehr interessieren mich die einfachen Dinge. Was braucht man wirklich, um ein leckeres und pures Essen zu kochen? Im Prinzip reichen mir drei Dinge: hochwertiges Gemüse, gutes Salz und Öl – frei nach Ludwig Mies van der Rohe: Less is more. Denn die Kunst liegt nicht im Hinzufügen, sondern im Weglassen.

GEGARTER WEIßER SPARGEL

Pures königliches Gemüse

Für 4 Personen  Vegan • Glutenfrei

800 g Beelitzer Spargel (oder anderer weißer Spargel)
300 ml kochendes Wasser und ein Topf mit Gareinsatz oder einfach ein Sieb
6 EL Olivenöl
2 EL grobes Meersalz

1. Die holzigen Enden der Spargelstangen abschneiden und das verbliebene untere Drittel schälen. Die Stangen dann schräg in etwa 2 cm dicke Stücke schneiden.
2. Den Spargel 15 Minuten im heißen Wasserdampf garen, entnehmen und vor dem Servieren mit etwas Olivenöl beträufeln und mit Meersalz bestreuen.

FOODCHECK SPARGEL:

★ Spargel gehört nicht gerade zu den preiswerten Gemüsen, die schlanken Stangen strotzen aber nur so vor gesunden Inhaltsstoffen, zum Beispiel Ballaststoffen, Vitaminen und Kalium. Letzteres lässt den Spargel harntreibend und blutreinigend wirken. Idealerweise ertränkt man ihn aber nicht literweise in weißer Hollandaise-Sauce …

GRILLGEMÜSE MIT SALZ – GANZ SIMPEL

Man braucht nur 3 Zutaten: Gemüse, Öl und Salz. Das geht sogar mit einem Einweggrill. Erprobt und getestet.

Für 4 Personen  Vegan • Glutenfrei

2 Fenchelknollen
2 Paprika
2 Zucchini
2 Auberginen
250 ml Olivenöl
3 EL grobes Meersalz

1. Den Grill anschmeißen und vorsichtshalber schon mal ein gutes Gläschen Rotwein öffnen, denn das dauert ja etwas …
2. Zuerst das Gemüse waschen, gegebenenfalls die Kerne und Strunk entfernen. Dann in nicht allzu dicke Scheiben oder Stücke schneiden und in reichlich Olivenöl marinieren. Dann ab auf den Grill damit und entspannt bleiben, bis das Gemüse eine schöne Farbe bekommt. Vom Grill nehmen und mit dem Salz bestreuen.

FOODCHECK SALZ:

★ Naturbelassenes Salz ist reich an Spurenelementen und Mineralien. Es fördert in gesunden Maßen verwendet den Speichelfluss und damit auch die Verdauung. Im Ayurveda verwendet man das besondere Salz »Kala Namak«, ein schwarzes Steinsalz. Es besteht hauptsächlich aus Natriumchlorid und hat einen für Europäer vielleicht etwas seltsamen Geruch nach faulen Eiern. Ihm wird eine kühlende, *Vata*-fördernde Eigenschaft zugeschrieben.

QUARK, PELLKARTOFFELN UND LEINÖL

Legendäres Gericht aus dem Osten

Für 4 Personen  Glutenfrei

1 kg Kartoffeln
500 g Magerquark
100 ml Leinöl
1 Bund frische gehackte Petersilie
grobes Meersalz zum Bestreuen

1. Die Kartoffeln in reichlich Salzwasser kochen und anschließend pellen.
2. Den Quark mit Leinöl und Petersilie glatt rühren. Die Kartoffeln anrichten und den Quark daraufgeben und mit etwas Salz bestreuen.

FOODCHECK LEINÖL:

★ Leinöl wird aus Leinsamen gewonnen. Es enthält u. a. hochwertige Omega-3-Fettsäuren – also ganz essenzielle Stoffe, die der Körper nicht selbst herstellen kann. Omega-3-Fettsäuren wirken sich positiv auf Herz-Kreislauf-Erkrankungen aus, sie steigern aber auch Konzentrationsfähigkeit und innere Ausgeglichenheit.

Auf ein Wort …

Was hat das Ganze eigentlich überhaupt mit Ayurveda zu tun?
Da geht es doch um Elemente, *Doshas,* Geschmacksrichtungen, Gewürze etc. Dann komme ich daher mit Quark, Pellkartoffeln und Leinöl? Das soll Ayurveda sein? Niemals! Wenn ich in den zehn Jahren, in denen ich mich mit Ayurveda beschäftige, eins gelernt habe, dann ist es sicherlich der Versuch, hinter die Dinge zu schauen. Kritisch zu sein und zu ergründen, was tiefer liegt, um was es eigentlich geht, was die Idee dahinter ist. Wenn man ein Bild betrachtet, sieht man natürlich Farben, Motive, einen Rahmen und verschiedene Effekte. Aber das ist nur ein Teil, viel wichtiger ist doch, welche Energie produziert das Bild, welche Stimmung, welche Emotion? Die Farben und das Motiv sind zwar wichtige Hilfsmittel, aber die eigentliche Intention liegt tiefer.
Ich habe die gleiche Intention mit meinen Rezepten. Natürlich sind die Zutaten wichtige Elemente, aber viel wichtiger ist die Energie, die ein Essen erzeugt, und vor allem wie nährend es für Körper und Seele ist. Die Rezepte sollen eine Einladung sein, sich einmal guten Gewissens von der reinen Nährstoff-, Vitamin- und Antioxidantien-Ebene zu verabschieden. Eine Einladung herauszufinden, wie viel mehr Nahrung sein kann und welch eine Dimension diese uns eröffnet. Auch wenn es nur Quark, Kartoffeln und Leinöl sind …

RENÉ, DER BIO-PIONIER

Eine Stadtführung durch Dresden

Die Dusche fällt heute Morgen leider aus – dummerweise haben wir die Handtücher vergessen –, wenigstens können wir eine gewisse Grundhygiene in Form von Zähneputzen sichern.

Hat man mal keine Zahnbürste zur Hand und dafür einen kleinen Basilikumstrauch auf dem Fensterbrett, kann man durch Kauen einer Handvoll Blätter den schlechten Atem reduzieren. Auch das im Ayurveda angewendete »Ölziehen« sorgt dafür, dass Giftstoffe aus dem Mundraum gezogen werden, es entfernt kariesverursachende Säuren und nährt außerdem das Zahnfleisch. Dazu braucht man bloß ein kleines Fläschchen Sesamöl, und schon kann es losgehen: morgens 1 Esslöffel Sesamöl für 5 bis 10 Minuten in den Mund geben und durch die Zähne »ziehen«. Danach das Öl ausspucken und mit warmem Wasser nachspülen. Das mag am Anfang etwas ungewohnt sein, und man hat vielleicht Schwierigkeiten, das Öl so lange im Mund zu behalten. In dem Fall mit 2 bis 3 Minuten beginnen und langsam steigern.

Aber es hilft nix, denn heute geht unsere Reise weiter nach Dresden, ein Besuch, auf den ich mich sehr freue. 1994 beim Katholikentag war ich zum letzten Mal in der Stadt, und ich kann sagen, da hat sich mächtig was getan. Auch in Sachen Ernährung. Ich treffe René Bradatsch von der »Bio-Sphäre«, einem Naturkostfachgeschäft in Dresden. Spontan stimmt er einem Treffen zu, und das, obwohl er erst eine Stunde zuvor aus seinem Urlaub in New York zurückgekommen ist. Seit 26 Stunden auf den Beinen, ist er trotzdem richtig gut drauf und nimmt uns mit auf eine Tour durch seinen Kiez.

Sein Laden liegt in Dresden-Neustadt, früher mal ein völlig heruntergekommenes Viertel. Heute lebt hier eine eher junge Klientel, und Unmengen von gemütlichen Cafés und alternativen Projekten wachsen aus dem Boden. Die »Bio-Sphäre« ist dann auf den ersten Blick erst mal ein Bioladen wie viele andere auch. Großzügig, modern und mit einem riesigen Sortiment. René selbst ist aber weit entfernt davon, beliebig zu sein.

Eigentlich ist er gelernter Koch und auf Umwegen Bio-Unternehmer geworden. Schon relativ früh für die Bio-Szene, nämlich 1991, hat er seinen ersten Laden aufgemacht. Wobei das Wort »Laden« in diesem Zusammenhang schwer übertrieben ist. In einem der alten Häuser hat er das Wohnzimmer einer Wohnung mit Freunden zum Bioladen umfunktioniert. Und in der Anfangszeit haben sie die Butter grammweise verkauft. »Wie sollten wir denn den Menschen hier sonst erklären, dass Produkte, die vorher 50 Pfennige gekostet haben, auf einmal 3 Mark kosten? Vor allem, da sich durch die Währungsreform auch noch der Wert des Geldes halbiert hat.« René ist aber drangeblieben, und es hat sich gelohnt – das Wohnzimmer wurde schnell zu klein. Als Nächstes kam die untere Etage dazu, dann der Umzug in einen neuen Laden und schließlich Anfang der 2000er Jahre der Umzug in die heutigen Räumlichkeiten. Im Herbst dieses Jahres soll dann noch ein weiteres Geschäft dazukommen. Ein richtig guter Typ! Auch wenn er heute zwischen den Regalen seines schicken Ladens steht, kann man sich noch gut den Bio-Rebellen aus den frühen 90ern vorstellen, der der Oma von nebenan 20 g Butter verkauft, ihr wegen der kleinen Rente einen Rabatt gibt und ihr dann noch die Tüte bis vor die Türe trägt. ›René, bleib so, wie du bist!‹ Denn mit ein bisschen Liebe und Idealismus für eine Sache kann man einiges erreichen.

SÄCHSISCHE KARTOFFELSUPPE

Hat schon dem Alten Fritz geschmeckt

Für 4 Personen  Vegan • Glutenfrei

1 Bund Lauchzwiebel
400 g Kartoffeln
200 g Karotten
200 g Knollensellerie
4 EL Rapsöl
2 TL gemahlener Kurkuma
2 TL Kümmelsamen
4 Lorbeerblätter
2 l Gemüsebrühe

1. Die Lauchzwiebeln waschen, in Ringe schneiden und zur Seite stellen.
2. Kartoffeln, Karotten und Sellerie waschen, putzen und in Stücke schneiden.
3. Das Rapsöl in einem Topf erhitzen, Kurkuma, Zwiebelringe und Kümmel dazugeben und die Zwiebeln 3 Minuten glasig andünsten. Die Gemüsestücke und Lorbeerblätter dazugeben, alles gut mischen und weitere 3 Minuten andünsten. Die Gemüsebrühe angießen, etwa 20 Minuten köcheln lassen, dann die Lorbeerblätter entnehmen und alles grob pürieren. Ganz klassisch gibt man oft noch etwas Speck dazu; wer auf das Aroma steht, kann auch ein paar Würfel Räuchertofu nehmen.

FOODCHECK KARTOFFEL:

★ Kartoffeln liefern viele Vitamine und Mineralstoffe. Wie so oft stecken die meisten Inhaltsstoffe in der Schale, also am besten gar nicht oder nur leicht schälen. Bereitet man sie fettfrei zu, sind sie angenehm magenschonend und wirken entkrampfend.

SÄCHSISCHE WICKELKLÖẞE MIT BIRNEN-CHUTNEY

Sachsen trifft Indien

Für 4 Personen

FÜR DIE KLÖẞE

900 g Kartoffeln
350 g Mehl
2 Eier
2 EL Milch
1 TL Natron
2 TL Salz
3 EL Semmelbrösel
1,2 l Gemüsebrühe

FÜR DAS CHUTNEY

700 g Birnen
1 EL Ghee
1 EL gehackter Ingwer
1 EL Rohrzucker
½ TL Salz
1 Prise Cayennepfeffer

1. Für die Klöße zuerst die Kartoffeln kochen, schälen und durch eine Kartoffelpresse drücken, alternativ eine Reibe verwenden. Mehl, Eier, Milch, Natron und Salz zugeben, dann alles zu einem geschmeidigen Teig verkneten. Der Teig sollte nicht zu fest sein. Anschließend zu einem etwa 1,5 cm dicken Quadrat ausrollen.
2. Für das Chutney die Birnen mit Schale grob reiben. Das Ghee in einer Pfanne erhitzen, den Ingwer unter Zugabe des Zuckers 3 Minuten karamellisieren lassen, dann alle weiteren Zutaten und Gewürze dazugeben und für 15 Minuten bei geschlossenem Deckel einköcheln lassen.
3. Das Chutney auskühlen lassen und auf dem Teigquadrat verteilen. Mit den Semmelbröseln bestreuen und von der Längsseite her aufrollen. Die Gemüsebrühe erhitzen, optimal sind 90 °C, also knapp unter dem Siedepunkt. Gibt man sie in sprudelnd kochendes Wasser, fallen die Klöße eventuell auseinander.
4. Die Teigrolle in 4 bis 5 cm dicke Scheiben schneiden und diese für 15 Minuten in der Gemüsebrühe ziehen lassen. Dann mit einer Schaumkelle aus der Flüssigkeit nehmen und am besten mit etwas zerlassener Butter und frischer Zitronenmelisse servieren.

FOODCHECK BIRNE:

★ Birnen wirken wie auch Äpfel förderlich auf die Verdauung, haben aber einen viel geringeren Säuregehalt. Das macht sie für Menschen mit Magenproblemen deutlich besser geeignet, weil sie leichter verdaulich sind.

★ Außerdem sind sie hilfreich bei Verstopfung und enthalten reichlich Folsäure, die wiederum Herz und Kreislauf stärkt.

HOLUNDERBEEREN-SUPPE MIT GRIEẞKLÖẞCHEN

Suppe zum Nachtisch

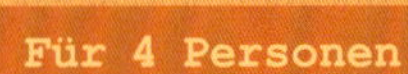

FÜR DIE SUPPE

1 l Holunderblütensaft
Saft und Abrieb von 1 unbehandelten Orange
2 EL Rohrzucker
2 Zimtstangen
5 Kardamomkapseln
4 Nelken
1 Birne
1 EL Speisestärke, in etwas Wasser aufgelöst

1. Den Holunderblüten- und Orangensaft mit Rohrzucker, den Zimstangen, Kardamom und Nelken in einen Topf geben und aufkochen. Die Hitze reduzieren und abgedeckt etwa 30 Minuten ziehen lassen.
2. Die Birne waschen, halbieren, entkernen und in dünne Spalten schneiden. Die Gewürze aus der Suppe nehmen, die aufgelöste Stärke unterrühren und nochmals aufkochen. Die Birnenspalten hineingeben und 4 bis 5 Minuten darin dünsten. Die Suppe bis zum Anrichten warm halten.

FÜR DIE GRIEẞKLÖẞCHEN

100 ml Milch
200 g Grieß
40 g Butter
1 Ei
etwas Salz und Muskat zum Abschmecken

3. Für die Klößchen alle Zutaten in einer Schüssel zu einer homogenen Masse vermengen. Einen Topf mit Wasser auf den Herd stellen und auf 90 °C erhitzen, aber nicht zum Kochen bringen.
4. Mit einem angefeuchteten Esslöffel etwas von der Masse abnehmen, ins heiße Wasser geben und die Klößchen so lange darin ziehen lassen, bis sie nach oben steigen. Mit Hilfe einer Schaumkelle aus dem Wasser nehmen und auf Küchenkrepp abtropfen lassen.
5. Die heiße Suppe in Schalen anrichten und mit den Klößchen und etwas Orangenabrieb dekorieren.

FOODCHECK HOLUNDERBEEREN:

★ Schwarze Holunderbeeren sind echte Vitaminbomben. Die getrockneten Blüten kann man als Tee aufgebrüht für Schwitzkuren bei Erkältung einsetzen, denn sie wirken fiebersenkend, schweißtreibend und zusätzlich entzündungshemmend.

JAN IM SACK

Hab ich zum ersten Mal probiert

Für 4 Personen

100 g mittlere Perlgraupen (Rollgerste)
100 g entsteinte und gehackte Trockenpflaumen
1 TL Salz
100 g Butter
etwas Zimt und Rohrzucker gemischt

1. Die Graupen, Pflaumen und Salz in einer Schüssel mischen, dann in die Mitte eines sauberen Küchentuches geben. Dann das Küchentuch locker mit einer Schnur zusammenbinden, so dass noch Platz in diesem »Sack« ist, damit die Graupen aufgehen können.
2. Etwa 3 Liter Wasser zum Kochen bringen und den Sack in das kochende Wasser hängen. Insgesamt 20 bis 25 Minuten kochen, dann sollten die Graupen weich sein.
3. Die Butter in einem kleinen Topf schmelzen und zusammen mit der Zimt-Zucker-Mischung über die Graupen geben.

FOODCHECK GERSTE:

★ Gerste wurde schon in der frühen Klosterheilkunde bei Magenproblemen und Gliederschmerzen eingesetzt. Ihr Schleim enthält Kohlenhydrate, die Giftstoffe binden und vor allem beruhigend auf gereizte Schleimhäute von Magen und Darm wirken.

VERWURZELTE MODERNE NOMADEN

Natur pur im Bayrischen Wald

Am nächsten Tag machen wir uns auf zur letzten Etappe unserer Tour, von Dresden nach Viechtach im Bayrischen Wald.

Bei diesem Wort denken wahrscheinlich viele ans Forsthaus Falkenau und eine üble Röhrender-Hirsch-Romantik. Doch es tut sich was – mitten im Bayrischen Wald gibt es eine Oase für naturverbundene Nomaden, das Adventure Camp »Schnitzmühle«. Eine Mischung aus Hotel, Lodge und Campingplatz direkt am Schwarzen Regen, serviert wird hier »Thai-Bay«, eine thailändisch-bayrische Küche, die dafür sorgen will, dass Körper und Geist sich mit Energie und Kraft auftanken können. Klingt erst mal ziemlich schräg, und alles, was schräg klingt, finde ich grundsätzlich sehr spannend. Also nix wie hin.

Wir entdecken eine moderne und zugleich traditionsbewusste »Seelentankstelle«, in der man von Wellness über Aktivsein bis hin zum Campen direkt in der Natur das volle Programm mitnehmen kann. Die ursprünglichen Nomaden ziehen umher, immer auf der Suche nach nahrhaften neuen Weideplätzen für ihre Tiere.

MODERNE NOMADEN WIE WIR ZIEHEN UMHER AUF DER SUCHE NACH WEIDE- UND RUHEPLÄTZEN FÜR UNSERE SEELE. VIEL NATUR, GUTE ENERGIE, NAHRHAFTES ESSEN AUS DER REGION, EIN PLATZ ZUM DURCHATMEN UND KRAFTTANKEN.

Das Camp hat Sebastian Nielsen zusammen mit seinem Bruder geschaffen. Aus dem elterlichen Betrieb, einem typischen bayrischen Restaurant mit Zigeunerschnitzel und Schlachtplatte, haben sie einen Platz für hungrige Durchreisende gemacht. Fest verwurzelt in der Heimat, aber mit dem sensiblen Gefühl für aktuelle

AIRSTREAM
THAI-BAY
WEIT WEG VON REST DER

Bedürfnisse – das ist ein Stück Ayurveda im Bayrischen Wald. Hier geht's auch darum, eine Verbindung zu sich selbst aufzubauen, die in der heutigen Zeit, in der man oft aus dem Hamsterrad gar nicht mehr herauskommt, gerne mal verlorengeht. Gut, dass es Menschen wie die Nielsen-Brüder gibt, die sich Gedanken machen, wie man in seinem Leben, in dem man immer wieder mit Phasen der Hektik und Anspannung umgehen muss, auch wieder zurück zu sich finden kann – um mit neuer Energie und Erdung weiterzumachen. Diesen Gedanken kennt man im Ayurveda nur allzu gut, und hat man mal keine Zeit für eine längere »Atempause«, kann man das ganz wunderbar im Kleinen in seinen Alltag integrieren.

ÜBUNG »FINDE DEINE ERDUNG«

Stehe mit beiden Füßen zusammen auf deiner Yoga-Matte und lege die Arme an die Seiten. Atme ruhig und ausgeglichen.

1. Konzentriere dich auf dein Zentrum. Nehme den Moment wahr und lasse deinen Geist zur Ruhe kommen.
2. Hebe deine Zehen, spreize sie und lege sie wieder auf die Matte. Wenn du Probleme mit der Balance hast, nimm die Füße einfach weiter auseinander oder auch nur ein wenig die Fersen.
3. Strecke die Beine und verteile das Körpergewicht gleichmäßig auf deine Fußflächen. Mein persönlicher Tipp: Stell dir vor, du hast Wurzeln, die in den Boden reichen.
4. Drehe Oberschenkel und Schienbeine leicht nach innen.
5. Das Steißbein zeigt leicht nach vorne, lasse dabei aber das Gesäß entspannt.
6. Ziehe den Bauch leicht ein.
7. Bei der nächsten Ausatmung entspanne die Schultern und ziehe sie nicht nach oben.
8. Der Blick richtet sich entspannt auf den Horizont.
9. Halte den Körper gerade. Stelle dir dazu eine gerade Linie vor, die von deinen Füßen über die Hüfte bis zum Kopf und darüber hinaus reicht.
10. Atme weiter gelassen ein und aus. Spüre, wie sich die Wirbelsäule mit jeder Ausatmung verlängert. Halte diese Position für 1 Minute.

AUBERGINEN-CASHEW-SALAT

Ein Stück Asien auf dem Teller

Für 4 Personen  Vegan • Glutenfrei

- 4 Auberginen
- 3 rote Zwiebeln
- 2 (Vogelaugen-)Chilischoten
- 100 ml Sesamöl
- 150 g Cashewkerne
- Saft von 1 Limette
- 4 EL Sojasauce
- 1 EL Agavendicksaft
- 20 Blätter Thai-Basilikum
- Salz und frisch gemahlener schwarzer Pfeffer

1. Den Backofen auf 240 °C vorheizen. Die Auberginen halbieren, die Schale mehrfach mit einer Gabel einstechen, mit der Schnittfläche nach unten auf ein Backbleck legen und etwa 30 Minuten im Ofen rösten, bis die Haut faltig wird.
2. Die Auberginen abkühlen lassen, dann die Haut abziehen, das Fruchtfleisch in Stücke schneiden und auf einer Platte verteilen. Die Zwiebeln schälen und in Würfel schneiden. Die Chilischoten fein hacken. Das Sesamöl in einer Pfanne erhitzen, Cashewkerne und Chilis dazugeben und anbraten, bis die Cashews leicht braun geworden sind. Limettensaft, Sojasauce und Agavendicksaft dazugeben, gut mischen und über die Auberginen gießen. Leicht mit Salz und Pfeffer würzen, die Thai-Basilikumblätter zupfen und darüberstreuen.

FOODCHECK AUBERGINE:

★ Auberginen bestehen zu einem großen Anteil aus Wasser und sind reich an Vitaminen wie Kalium und Vitamin B. Sie können deshalb bei Nierenleiden, Rheuma und Ischias helfen. Das Fruchtfleisch enthält auch viele Bitterstoffe, die man mit Hilfe von Salz, das man auf die Scheiben streut und 30 Minuten einwirken lässt, aus dem Gemüse entfernen kann.

KOKOSSUPPE »TOM KHA GAI«

Ein scharfer Klassiker, diesmal mit weißen Bohnen

Für 4 Personen  Vegan • Glutenfrei

3 EL geröstetes Sesamöl
1 EL frischer gehackter Ingwer
1 EL Grüne Currypaste (s. u.)
3 Stengel Zitronengras
1 l Kokosmilch
6 Kaffir-Limetten-Blätter
250 g weiße gekochte Bohnen
Saft von ½ Limette
1 TL Salz
1 Bund frischer gehackter Koriander

1. Das Sesamöl in einem Topf erhitzen. Die äußere Schicht des Zitronengrases entfernen und den Rest fein hacken. Dann Ingwer, Currypaste und Zitronengras in den Topf geben und 3 Minuten anschwitzen. Die Kokosmilch aufgießen und unter Rühren aufkochen. Kaffir-Limetten-Blätter und Bohnen zugeben, die Hitze reduzieren und 15 Minuten köcheln lassen.
2. Zum Schluss den Limettensaft dazugeben und mit Salz abschmecken. Auf Schälchen verteilen und mit dem Koriander bestreuen.

GRÜNE CURRYPASTE

2 Stengel Zitronengras
2 grüne Chilischoten
2 TL rosa Pfefferbeeren
2 TL Koriandersamen
1 EL frischer gehackter Ingwer
Saft und Abrieb von 1 unbehandelten Limette
1 TL Rohrzucker
½ TL Salz

Zitronengras und Chilischoten fein hacken, dann alle Zutaten in einen Mörser geben und zu einer sämigen Paste zerstoßen.

FOODCHECK SESAMÖL:

★ Sesamöl enthält sehr viele Antioxidantien wie zum Beispiel Vitamin E und schützt den Körper so vor freien Radikalen. Im Ayurveda spielt es eine ganz besondere Rolle. Dort wird es als Massageöl oder für innerliche und äußerliche Entgiftungskuren verwendet wie zum Beispiel für Stirngüsse oder zum Ölziehen. Am besten verwendet man gereiftes Sesamöl, das man ganz einfach selbst herstellen kann. Dazu erhitzt man das Öl auf 110 °C und lässt es anschließend abkühlen. Aufbewahren kann man es in einer dunklen Glasflasche, am besten lichtgeschützt und bei Zimmertemperatur.

ZWETSCHGENDATSCHI MIT KARDAMOM UND INGWER

Pimp my Datschi

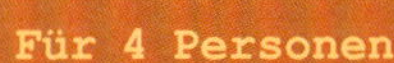
Für 4 Personen

- 150 g Quark
- 7 EL Sonnenblumenöl
- 1 Ei
- 60 ml Milch
- 80 g Rohrzucker
- 1 Prise Salz
- 300 g Mehl
- 1 TL Natron
- 1 kg Pflaumen, halbiert und entsteint
- 1 EL gehackter Ingwer
- ½ TL gemahlener Kardamom

1. Den Ofen auf 200 °C vorheizen. Aus Quark, Sonnenblumenöl, Ei, Milch, Zucker, Salz, Mehl und Natron einen glatten Teig herstellen.
2. Den Teig auf einer bemehlten Arbeitsfläche ausrollen und im Anschluss auf ein mit Backpapier ausgelegtes Backblech legen. Mit den Pflaumenhälften belegen, dann mit gehacktem Ingwer und Kardamom bestreuen und etwa 30 Minuten im vorgeheizten Ofen backen.

FOODCHECK KARDAMOM:

★ Kardamom ist ein bewährtes Mittel im Ayurveda, er ist sehr gut verträglich und wirkt verdauungsfördernd. Gibt man Kardamom zu Milch, neutralisiert er ihre schleimbildende Wirkung, hat man es mal mit dem Kaffeegenuss übertrieben, wirkt er gegen Sodbrennen und beseitigt Mundgeruch.

SCHUPFNUDELN MIT INGWER-MOHN-BUTTER

Herzhaft & Deftig

Viele bayrische Rezepte stammen offenbar noch aus einer Zeit, als man dort den Großteil des Tages auf dem Feld stand und die Stadt noch nicht der super Hightech-Standort war, an dem man überwiegend vor dem Rechner oder bei Sonnenschein an der Isar sitzt … Mit einer ordentlichen Ladung Ingwer versuche ich in diesem Rezept die Schwere etwas »abzupuffern«.

Für 4 Personen

500 g Kartoffeln
2 TL Salz
⅓ TL geriebene Muskatnuss
2 Eier
2 EL Kartoffelstärke
3 EL Mohnsamen
4 EL Ghee
1 EL frischer gehackter Ingwer
1 EL Rohrzucker

1. Die Kartoffeln in reichlich Salzwasser gar kochen, auskühlen lassen, pellen und durch eine Kartoffelpresse drücken. Die Masse mit Salz und Muskatnuss würzen, dann Eier und Kartoffelstärke dazugeben und alles zu einem geschmeidigen Teig verarbeiten.
2. Etwas von der Masse abnehmen und auf einer bemehlten Arbeitsfläche etwa 1 cm dicke und 6 bis 7 cm lange Schupfnudeln formen. Die Schupfnudeln etwa 5 Minuten in siedendem Wasser garen, bis sie an der Oberfläche schwimmen. Dann abgießen und in einer großen flachen Auflaufform abkühlen lassen, damit sie nicht aneinanderkleben. Den Mohn in einer Pfanne ohne Fett anrösten, dann das Ghee, Ingwer und Rohrzucker zugeben, leicht karamellisieren lassen und die Schnupfnudeln darin schwenken.

FOODCHECK MOHN:

★ Mohn hat einen sehr hohen Calciumanteil und ist außerdem reich an Vitaminen und hochwertigen Fettsäuren. Die Kapseln des unreifen Schlafmohns enthalten Substanzen, die einschläfernde und berauschende Wirkung haben. Als Heilpflanze wird Mohn eine schmerzstillende und beruhigende Wirkung nachgesagt. Er wird deshalb bis heute in der Schmerztherapie eingesetzt.

Milch, Mehl, Fett und Kartoffeln oder vom Wert, sich selbst treu zu bleiben

Ich kann den Aufschrei beim Lesen mancher Rezepte schon hören: Wie kann der Typ Weizen, Milch, Butter und sogar Eier verwenden? Und das in der heutigen Zeit? Das geht ja mal gar nicht! Aber ist das wirklich so?

In einer Zeit, in der das Tempo immer schneller wird und die Menschen mehr und mehr unter dieser Tatsache leiden, behaupte ich, Mehl, Kartoffeln und Fett haben etwas mit Selbstidentität und Integrität zu tun! Nein, ich drehe nicht völlig ab, ich habe ganz einfach nur an mir selbst festgestellt, was es für eine große Herausforderung ist, sich und seinem Thema treu zu bleiben. Gerade in dem Bereich, in dem ich unterwegs bin. Ernährung ist ja mittlerweile zu einer Art Ersatzreligion geworden. Es gibt verschiedene Lager da draußen, und jeder erhebt für sich den Anspruch, seine Idee sei die einzig wahre. Wenn man mal einen Blick in die Weltgeschichte wagt, haben solche Ansätze nie wirklich Gutes bewirkt.

Für mich passt es einfach nicht zusammen, wenn jemand in einer urbayrischen Kneipe sitzt und ein schlechtes Gewissen haben soll, wenn er sich Schupfnudeln bestellt, die nicht vegan, gluten- und laktosefrei sind. Unsere Omas sollten weiterhin ihren Kuchen belehrungsfrei backen dürfen, auch wenn sie Butter und Eier verwenden. Und um wieder zum Anfang zu kommen: In diesen schnellen Zeiten, in denen fast jeder unter Stress leidet, sollten das Essen und Genießen keinen zusätzlichen Stress verursachen. Eher das Gegenteil – mit gutem Essen sollte man auch mal seine Seele streicheln und nicht nachdenken müssen, ob das jetzt richtig oder falsch ist. Die Leute zieht es gerade jetzt zurück aufs Land, Heimat, Eigenanbau und Omas Kuchen sind voll cool. Abgesehen davon, schließen sich für mich achtsamer Umgang mit Ressourcen und Schnupfnudeln nicht aus!

Keiner ist der Hüter des heiligen Grals – aber tolerant und gleichzeitig ganz nah an seinem Thema oder seiner Einstellung zu sein, ist die größte Herausforderung. Und genau das lehrt mich der Ayurveda. Zugegebenermaßen habe ich bis heute immer wieder die Tendenz, an manchen Tagen darüber zu verzweifeln, warum nicht jeder von Ayurveda so geflasht ist wie ich. Ich habe für mich gelernt, damit zu leben und mir treu zu bleiben. Und zu meiner Ayurveda-Identität gehören eben nun mal ab und zu ein bisschen Mehl, Milch und Zucker.

ÖFFNE DICH FÜRS WESENTLICHE

REISE 3

Auf zur dritten Tour meiner Reise auf den Spuren des Ayurveda. Unterwegs durch die Mitte Deutschlands treffe ich in meiner Heimat Hessen neue Leute und alte Bekannte. Sie zeigen mir, dass an einem bestimmten Punkt im Leben manchmal weniger mehr ist, es noch einiges zwischen Himmel und Erde gibt, als man bisher vielleicht kennt, und vor allem, dass es eine Menge positiver Vibes ins Leben bringt, wenn man sich ein bisschen öffnet und aus seiner bekannten Komfortzone heraustritt. Außerdem lerne ich einiges über Freundschaft und Träume und dass es sich durchaus lohnt, auch mal »auszubrechen«, um dann geerdet und reich an Erfahrungen wieder zu seinen Wurzeln zurückzufinden. Ganz zum Schluss erfahre ich, wie befreiend es ist, einfach im Hier und Jetzt zu leben und einmal nicht danach beurteilt zu werden, wer man ist und was man macht. Wer hätte gedacht, dass es so viel Spaß macht, mal genauer hinzuschauen und die vielen Facetten seines Heimatlandes zu erforschen?

DER ENTSCHLEUNIGTE UMSTEIGER

Was Ausmisten mit Lebensglück zu tun hat

Von Wuppertal aus mache ich mich heute zur ersten Etappe der dritten Tour durch Deutschland auf nach Frankfurt.
Nach knapp zwei Stunden Fahrt, Sting und den Doors im Autoradio und einem Stau auf der Hanauer Landstraße - wie immer um diese Uhrzeit - rolle ich gegen 10 Uhr in den Hof einer alten Industriehalle im Frankfurter Osten. Der Glitzerfaktor ist gleich null. Da frag ich mich doch gleich, was einen Menschen dazu bringt, genau hier zu leben. Ein gemeinsamer Freund hat mich auf Karl aufmerksam gemacht. Er erzählte mir von dem Typen, der seine Firma in der dritten Generation verkauft hat, um in einem alten Airstream - einem riesigen silbernen Großraumwohnwagen - in einer Halle auf dem ehemaligen Firmengelände zu leben. So einen Charaktervogel musste ich dringend kennenlernen. Was ist das für ein Mensch, der sein Leben lang richtig dicke Kohle verdient hat und dann eines Tages alles verkauft, um sich für einen sechsstelligen Betrag einen Wohnwagen zu leisten, in dem er dann in einer eiskalten Industriehalle lebt?

Gleich werde ich es erfahren. Der Mann ist so entspannt wie sein Outfit: Kapuzenpulli, olle Jacke, coole Turnschuhe. Irgendwie zeichnet sich schon alleine durch sein relaxtes Auftreten ab, dass man es bei Karl auf keinen Fall mit einem abgehobenen, eigenbrötlerischen Spinner zu tun hat. Nachdem er mir erzählt, dass er für unser Gespräch bloß eine knappe Stunde Zeit hat, da er dann zum Elternabend seiner kleinen Toch-

ter muss, kann man schon erahnen, wo heute die Prioritäten des ehemaligen Geschäftsmannes liegen.
Wir setzen uns also an seinen Tisch mitten in der Halle, zum Glück hat er ein paar alte Felle auf seinen Eames-Stühlen liegen, auf einen kalten Hintern habe ich jetzt keine Lust. Die Neonröhren an der Decke haben auch ihre besten Tage gesehen, zum Glück tut es die alte Designer-Lampe noch. Ich lege los mit meinen Fragen …

V: *»Karl, kurz zur Info: Du kommst ursprünglich aus der Immobilienbranche, oder?*
K: Nein, gar nicht, eigentlich habe ich mit meiner Firma im Kunststoffbereich gearbeitet. Bei mir war's der klassische Werdegang: Ich habe die Firma von meinem Vater geerbt, sie dann weitergeführt und irgendwann verkauft, da ich einfach keine Lust mehr hatte, an dem großen Rad mitzudrehen.
V: *Okay, das heißt, du hast für dich entschieden, dass du keinen Bock mehr auf diese klassische Mühle hast. Aber, damit ich dich besser verstehen kann, warum genau hast du die Entscheidung getroffen?*
K: Um dir diese Frage zu beantworten, müsste ich jetzt politisch werden. Nur so viel: Hier bei uns in Deutschland ist es schon verdammt schwer, mit einem mittelständischen Unternehmen, das nicht unbedingt ein Alleinstellungsmerkmal hat, eine ausreichende Rendite zu erzielen … Hinzu kommt noch die Tatsache, dass es schon seit meiner Kindheit ein absoluter Traum war, in einem Airstream zu leben, seit ich ihn in den 60er Jahren in Hamburg zum ersten Mal gesehen habe.
V: *Und da dachtest du dir, verkauf ich kurzerhand einfach mal die Firma und ziehe in meine alten Hallen?*
K: Na ja, ganz so einfach war das nicht. Es war mehr ein Prozess, angefangen hat es etwa mit Anfang Fünfzig. Rückblickend merkte ich, dass ich mich schon etwa zehn Jahre darauf zubewegt habe. Aber, um so einen Entschluss zu fassen, braucht es erst mal einen gewissen Vorlauf. Die Kinder müssen in einem bestimmten Alter sein, denn man hat ja auch diverse Verpflichtungen ihnen gegenüber.

ABER VOR ALLEM MUSST DU DAS EXISTIERENDE SYSTEM DURCHSCHAUEN, DAS »SCHNELLER-HÖHER-WEITER-SYSTEM«, DEM DIE MEISTEN MENSCHEN HEUTZUTAGE UNTERWORFEN SIND.

V: *Das heißt, du warst einfach an einem Punkt, an dem du gemerkt hast, »bei diesem Spiel möchte ich nicht mehr mitmachen«.*
K: Ganz klar. Ich hatte zeit meines Lebens immer das volle Programm. Auch ich habe jeden Monat einen höheren vierstelligen Geldbetrag gebaucht, um meinen Lebensstandard zu halten. Ich kann dir gar nicht sagen, wie viel Porsches ich hatte. Aber das lockt mich heute alles nicht mehr.
V: *Nun kann man böse sein und unterstellen, dass es ja auch ganz schön einfach ist, auszusteigen, wenn man die große Kohle aus dem Verkauf der Firma gemacht hat …*
K: Vergiss es, Volker. Du hast Schulden auf dem Laden, alles muss abge-

wickelt werden, du musst 150 Leute entlassen. Das macht keinen Spaß.

V: *Die Message ist also, es hat mit Geld gar nichts zu tun, wenn man etwas in seinem Leben verändern will?*

K: Auf keinen Fall, der beste Absprung ist sowieso, wenn du eigentlich kein Geld hast. Am besten geht es, wenn du klar im Kopf bist. Wobei man schon sagen muss, dass auch die Rahmenbedingungen in gewisser Weise stimmen müssen. Es war mir wichtig, dafür zu sorgen, dass es meinen Kindern gutgeht.

V: *Das ist ein gutes Stichwort: Wie hat denn deine Familie deine neue Art zu leben aufgenommen?*

K: Auch das war eine Art Prozess. Ich lebe seit über zehn Jahren getrennt und meine Kinder sind gut versorgt. Sie wohnen privilegiert außerhalb auf einem Hof und verstehen mich auch. Eine von meinen Töchtern ist sogar komplett zu mir gezogen. Ist schon witzig:

FRÜHER HAT MAN DAS GROßE RAD GEDREHT, HEUTE WÄSCHT MAN DIE SOCKEN DER TOCHTER, UND ES FÜHLT SICH GUT AN.

V: *Hört sich tatsächlich nach der großen Veränderung an. Nur so interessehalber, früher hast du eine Riesensumme pro Monat gebraucht. Von wie viel lebst du denn heute?*

K: Natürlich zahle ich noch die Krankenversicherung für meine Kinder, aber ich für mich brauche inklusive allem etwa ein Siebtel der Summe, und ich bin auch dabei, meinen privaten Besitz immer weiter zu reduzieren.

V: *Das heißt, du würdest sagen, wenn man nicht so viel hat, ist es eher eine Befreiung?*

K: Auf jeden Fall, jedes Teil, das du verschenkst, ist eine Befreiung. Ich bin vor zwei Jahren mit viel mehr Möbeln hier eingezogen. Ich hatte ein Riesenregal voller Kisten. Das habe ich mittlerweile alles verschenkt oder verkauft.

DAS STICHWORT HEIßT BEI MIR: ENTMATERIALISIERUNG!

Manchmal kommt man an einen Punkt im Leben, an dem man spürt, dass man einfach mal »loslassen« muss. Das kann materieller, zwischenmenschlicher oder auch ernährungstechnischer Art sein – egal, auf welche Art, wer das ausprobiert, wird schnell feststellen: Es wirkt.

1. Ab und zu einen »Anti-Messie-Tag« einschieben. Das heißt im Klartext: Mach dir bewusst, welche Dinge du in den letzten sechs Monaten nicht in der Hand hattest – all das kann in eine »Entmaterialisierungskiste« und ab in karitative Einrichtungen. So tut man sich selbst, aber auch anderen etwas Gutes.

2. Im Freundes- oder Bekanntenkreis gibt es oft »Energievampire«. Bei jedem Treffen saugen sie dich aus, und im Nachhinein fühlst du dich schlapp und leer, statt mit positiver Energie durch gute Gespräche aufgeladen zu sein. Das mag vielleicht auf den ersten Blick etwas hart klingen, aber überleg dir, wen davon du noch in deinem Leben haben möchtest, und löse dich, wenn nötig, von diesen Menschen.

3. Auch in Sachen Ernährung tut von Zeit zu Zeit eine Reduzierung ganz gut. Schaue dir einen Tag lang genau an, was du isst, und versuche dann, ganz bewusst von allem nur die Hälfte zu nehmen – zum Beispiel nur einen Löffel statt zwei. Du wirst erstaunt sein, wie wenig du letztendlich eigentlich brauchst. Abgesehen davon ist so ein »Abspecken« gut für Körper *und* Seele.

V: *Was ich bei dir sehr spannend finde, ist die Tatsache, dass du mehr ein Umsteiger als ein klassischer »Aussteiger« bist, der vor dem bösen System auf einen Berg flieht. Du warst nie auf der Suche nach Erleuchtung.*

K: Nein, das war ich tatsächlich nie. Ich wollte bloß einfach raus aus diesem ewigen »Rennen im Hamsterrad«. Das Gute ist, im Moment ändert sich vieles. Gerade auch vielen jungen Leuten geht es nicht mehr darum, das große Geld zu verdienen. Sie suchen nach anderen Inhalten. Da muss jeder für sich selbst herausfinden, wo seine Prioritäten liegen.

V: *Die Frage ist ja, warum man dann erst mal in dieses irrsinnige System einsteigt?*

K: Gute Frage. Wahrscheinlich, weil man schlicht und einfach denkt, man braucht das ganze Materielle. Wobei ich auch sagen muss, dass mir bei aller Lossagung von unnützem Eigentum mein Airstream und der damit einhergehende Komfort schon viel bedeuten und ich mich auf gar keinen Fall von ihm trennen würde. Er ist meine »Hülle« und ich muss nicht mit wenig Geld leben und dann noch auf dem Boden schlafen. Aber das muss jeder ganz für sich alleine entscheiden. Wichtig ist, dass du selbst mit dir klarkommst. Es gibt auf jeden Fall keinen allgemeingültigen Glücksbegriff.

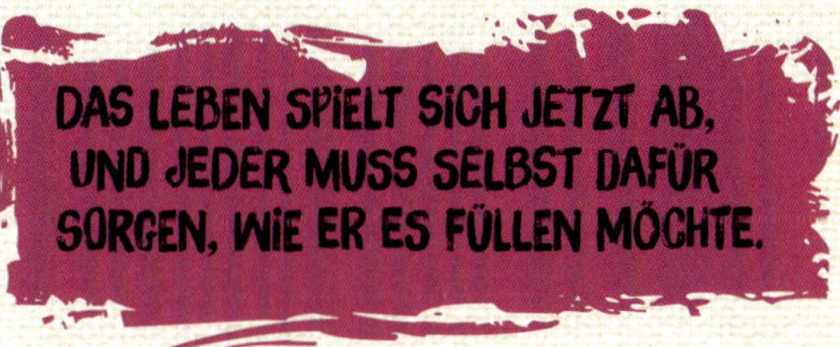

Die Besinnung auf das Wesentliche, wie sie Karl irgendwann für sich entdeckt hat, findet sich auch im Ayurveda. Dort geht es aus der Sicht der Ernährung darum, zu erkennen, wie viel man braucht, um wirklich satt zu sein. Die Philosophie des Ayurveda besagt, dass nur das genügt, um den Hunger zu stillen, was in beide Handflächen passt. So erhöht sich die Chance auf Zufriedenheit. Hat man einmal begriffen, wie wenig man eigentlich benötigt, kann sich das leicht auf andere Lebensbereiche ausweiten. Denn Anhäufung – egal, wo – führt letztendlich zu körperlichen und seelischen Problemen. Das Glück beginnt dort, wo man aufhört, Dingen hinterherzujagen. Trotzdem sollte man die Wertschätzung seiner selbst nicht vergessen und braucht nicht – wie Diogenes – frei von sämtlichen Besitztümern und reduziert auf die Grundbedürfnisse in einer Tonne leben. Karl legt klar für sich fest, dass er einen gewissen Komfort in Form seines Airstreams auf jeden Fall in seinem Leben behalten möchte. Wahrscheinlich ist es wie überall: Das rechte Maß zu finden ist das Zauberwort!

V: *Hast du persönlich noch eine Vision, die du dir in deinem Leben gerne erfüllen würdest?*

K: Am liebsten würde ich in meinem Airstream eine Tour an der Ostsee entlang machen. Früher mit zwanzig wollte ich immer nach Kanada oder Amerika auswandern. Aber seitdem ich meinen Wohnwagen habe und älter geworden bin, fahre ich ganz bewusst in der Heimat und habe eine ganz andere Einstellung zu diesem Begriff. Auch das war ein Prozess. Durch meine Arbeit war ich viel im Ausland unterwegs und kann heute sagen: Wir Deutschen sind viel besser, als wir selbst über uns denken.

V: *Hast du zum Abschluss aus deiner persönlichen Erfahrung noch einen Tipp für die Leute da draußen?*

MEIN LIEBER FREUND KARL

war zu seiner »besten« Zeit ein klassischer Fall von zu viel *Vata*, was seine Lebensführung betrifft. Immer auf dem Sprung, immer in Bewegung und niemals Ruhe. Das Rad musste sich ja weiterdrehen. Ein einfaches Gegenmittel in so einer Situation sind wärmende und zugleich erdende Speisen wie Eintöpfe oder Pürees.
Beides entstresst den Darm und gleichzeitig auch den Kopf. Denn der Überschuss an *Vata* ist wie ein kalter Herbstwind. Da wirkt so eine warme Suppe wie eine kuschelige Decke. Das *Vata* steht aber auch für den Wechsel und die Neuorientierung und verstärkt sich ab dem 45. Lebensjahr – eine ganz typische Zeit für einen neuen Lebensabschnitt. Frauen machen da ganz gerne mal eine Yoga- oder Ayurveda-Ausbildung, und Männer ziehen in Wohnmobile oder kaufen sich Easy-Rider-Lederjacken.

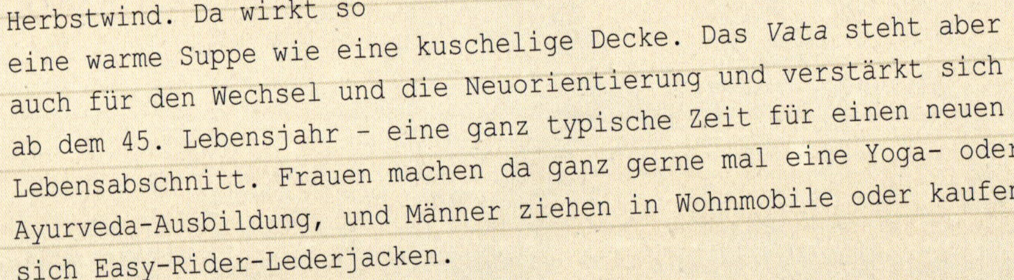

Nach dem kleinen Abstecher nach Frankfurt bekam ich Lust auf etwas richtig Deftiges zum Mittag. Die typischen Gerichte aus der hessischen Metropole sind zwar megalecker, allerdings im Original leider nicht so wirklich gesund. Entweder beschränkt man sich also nur auf eine kleine Portion oder probiert mal meine etwas »abgespeckteren« Versionen.

SPUNDEKÄS

Tradition zum Auf's-Brot-Streichen

Diese klassische Frischkäse-Quark-Mischung stammt ursprünglich aus dem nördlichen Rheinhessen. Traditionell gibt man einen länglichen Klecks der Creme auf den Teller und serviert dazu Salzbrezeln. Aber auch als Brotaufstrich schmeckt er lecker. Wem die Brezeln zu heavy sind, der isst den Käse einfach zu Grillgemüse.

Für 4 Personen  Glutenfrei

je 2 TL Fenchel, Kümmel und Anissamen
5 EL Olivenöl
1 TL rosenscharfes Paprikapulver
¼ TL Asafoetida
500 g Frischkäse (Doppelrahmstufe)
250 g Quark
1 Bund frische gehackte Petersilie
Salz und frisch gemahlener schwarzer Pfeffer zum Abschmecken

Die Samen in einem Mörser grob zerstoßen. Das Olivenöl in einer Pfanne erhitzen und alle Gewürze etwa 20 Sekunden auf mittlerer Hitze darin anschwitzen. Mit den restlichen Zutaten in einer Schüssel kräftig vermischen.

FOODCHECK SPUNDEKÄS:

★ Ich versuche bei meinen Rezepten die Idee des Ayurveda zu vermitteln, aber gleichzeitig den Charakter des Gerichtes zu erhalten. Und ein Spundekäs ist, was er ist. Aber da er natürlich für die Verdauung ein ziemlich großer Klops ist, kommen in meine Version die vielen magenfreundlichen Gewürze. Ein weiterer Tipp von mir: Am besten nur mittags essen! Denn von 10 bis 14 Uhr, wenn die Sonne am höchsten steht, haben wir auch das meiste Feuer zur Verfügung. Deshalb die fetten, dicken Holzscheite nie früh am Morgen oder am Abend aufs Feuer legen!

FRANKFURTER PUDDING

Biskuits mal saftig

Für 8–10 Portionen

4 Eier
1 Prise Salz
80 g feiner Rohrzucker
½ TL gemahlener Kardamom
1 TL gemahlene rosa Pfefferbeeren
Saft und Abrieb von 1 unbehandelten Orange
4 Löffelbiskuits
70 g gemahlene Mandeln
50 g Rosinen, in etwas weißem Traubensaft eingeweicht
Fett und Paniermehl für die Tassen
Kakaopulver zum Bestreuen

1. Den Backofen auf 170 °C vorheizen. Die Eier trennen und das Eiweiß mit dem Salz steif schlagen. Das Eigelb mit Zucker, Kardamom, Pfeffer, Orangensaft und -abrieb schaumig rühren. Die Löffelbiskuits fein hacken.
2. Dann nach und nach gemahlene Mandeln, Rosinen und die Biskuits unter die Eigelbmasse rühren. Zum Schluss den Eischnee locker unterheben.
3. Anschließend Kaffeetassen mit Fett ausstreichen und mit etwas Paniermehl ausstreuen. Überschüssiges Paniermehl vorsichtig ausklopfen. Dann die Masse einfüllen.
4. Eine Auflaufform bis etwa zur Hälfte mit Wasser füllen und die Tassen in die Form stellen. Den Pudding 25 Minuten im vorgeheizten Ofen goldbraun backen, auskühlen lassen, stürzen und mit Kakaopulver bestreuen.

FOODCHECK ROSA PFEFFER:

★ Auch wenn er so heißt, hat der rosa Pfeffer botanisch nichts mit dem klassischen Pfeffer zu tun. Es handelt sich um die getrockneten Früchte des Brasilianischen Pfefferbaumes. Wie auch immer – ich bin ein großer Fan der kleinen roten Beeren. Ihr wunderbar fruchtiges Aroma gibt gerade Süßspeisen einen schönen »Kick«.

GRÜNER HEFETEIG MIT KARTOFFEL-ZIEGENKÄSE-CREME

Hessische Pizza

Für 4 Personen

FÜR DEN TEIG

1 Bund Frankfurter Kräuter (z. B. Pimpernell, Kresse, Kerbel, Schnittlauch, Petersilie, Borretsch, Sauerampfer)
¼ Würfel Frischhefe
200 ml warmes Wasser
2 EL Olivenöl
1 TL Zucker
200 g Roggenmehl
200 g Weizenmehl
1 Prise Salz

FÜR DEN BELAG:

500 g kalte, gekochte Kartoffeln
4 Bund Frühlingszwiebeln
50 ml Olivenöl und neutrales Öl zum Anbraten
⅓ TL gemahlene Muskatnuss
1 grüne gehackte Chilischote
1 Bund frischer gehackter Dill
1 Bund frische gehackte Petersilie
3 Zweige frischer gehackter Estragon
500 g Ziegenfrischkäse
Salz und frisch gemahlener schwarzer Pfeffer

1. Für den Teig zuerst die Kräuter fein hacken. Die Hefe im lauwarmen Wasser zusammen mit Olivenöl und Zucker schaumig aufschlagen, dann die beiden Mehlsorten hineinsieben. Salz und Kräuter dazugeben, alles zu einem geschmeidigen Teig verarbeiten und diesen 1 Stunde gehen lassen.
2. Für den Belag den Ofen auf 180 °C vorheizen. Die gekochten Kartoffeln schälen und in Scheiben schneiden. Die Frühlingszwiebeln waschen und in feine Ringe schneiden. Das Öl in einer Pfanne erhitzen und die Kartoffelscheiben darin kross anbraten, zum Schluss Muskatnuss, Zwiebelringe und Chili untermischen und glasig andünsten. Dann Olivenöl, Kräuter sowie Ziegenkäse in einer Schüssel glatt rühren und mit Salz und Pfeffer abschmecken.
3. Den Hefeteig auf einer bemehlten Arbeitsfläche zu einem Rechteck ausrollen und auf ein Backblech legen. Die Ziegenkäse-Masse auf dem Teig verstreichen, die Kartoffeln gleichmäßig darauf verteilen und den Kartoffelkuchen 25 Minuten im Ofen goldbraun backen.

FOODCHECK ZIEGENKÄSE:

★ Ich verwende seit einiger Zeit ausschließlich Ziegenkäse und Ziegenfeta, auch wenn er etwas schwieriger zu bekommen ist. Der Grund ist ganz einfach: Ziegenkäse ist wesentlich leichter als der aus Kuhmilch und hat vor allem auch viel weniger Säure. Der Käse mit dem höchsten Säuregehalt ist Schafskäse, wer also ein Problem mit Sodbrennen, Entzündungen und Hitze im Allgemeinen hat, sollte ihn besser meiden.

FRANKFURTER KRANZ

Omas Klassiker

Genau das richtige Rezept, wenn man mal etwas mehr Zeit zum Backen hat. Aber nur ein Stück davon essen und danach einen ordentlichen Spaziergang einplanen!

Für 4 Personen

FÜR DEN TEIG

2 Vanilleschoten
150 g weiche Butter
1 Prise Salz
150 g Jaggery-Zucker
4 Eier
Abrieb von 1 unbehandelten Zitrone
300 g Weizenmehl
100 g Speisestärke
1 TL Natron
Fett für die Form
1 Kranzform (22–25 cm Durchmesser)

FÜR DEN MANDELKROKANT

10 g Butter
60 g Zucker
125 g gehackte Mandeln

FÜR DIE FÜLLUNG

1 Tüte Vanillepuddingpulver (etwa 100 g)
80 g Jaggery-Zucker
1 Prise Salz
500 ml Milch
250 g weiche Butter

ZUM SCHICHTEN

3–4 EL warme Erdbeerkonfitüre
1 Spitzbeutel mit Lochtülle

1. Den Backofen auf 180 °C vorheizen. Die Vanilleschoten fein hacken.
2. Butter, Salz und Zucker schaumig rühren. Dann Eier, Vanilleschoten und Zitronenabrieb dazugeben und cremig verrühren. Das Mehl, Speisestärke und Natron hineinsieben und so lange rühren, bis eine homogene, cremige Masse entstanden ist. Den Teig in eine leicht gefettete Kranzform füllen und glatt streichen.
3. In den vorgeheizten Ofen geben und 40 Minuten backen. Den fertigen Kuchen etwas auskühlen lassen und stürzen.
4. In der Zwischenzeit für den Mandelkrokant die Butter mit dem Zucker in einer Pfanne bräunen, dann die Mandeln unterrühren. Die Masse auf einem Stück Alufolie verteilen und auskühlen lassen. Dann grob zerbrechen, in einen Gefrierbeutel geben und mit einem Nudelholz fein mahlen.
5. Für die Füllung Puddingpulver, Zucker, Salz und 200 ml Milch glatt rühren.
6. Die restliche Milch aufkochen, die Puddingpulver-Mischung unter ständigem Rühren zur heißen Milch geben, einmal kurz aufkochen lassen, dann vom Herd ziehen und auf Zimmertemperatur auskühlen lassen.
7. Die Butter schaumig rühren und nach und nach unter den Pudding ziehen.

   Ganz wichtig dabei der Spruch von meiner Oma: „Bub, bass uff, die Creme därf nett zu has soi, sunscht wärd des nix." Auf Deutsch: Sowohl die Butter wie auch der Pudding sollten Zimmertemperatur haben, sonst gerinnt die Buttercreme!

8. Jetzt wird gebastelt: Dazu den Teigboden zweimal waagerecht durchschneiden und jede Lage mit einer Schicht warmer Erdbeerkonfitüre bestreichen.
9. Zwei der Böden mit etwa der Hälfte der Buttercreme bestreichen, aufeinandersetzen, dann den dritten Boden auflegen und so wieder zu einem kompletten Kranz zusammensetzen. Von der restlichen Creme etwa 3 Esslöffel abnehmen und diese in einen Spritzbeutel mit Lochtülle füllen. Den Kuchen dann gleichmäßig mit der übrig gebliebenen Creme bestreichen und mit dem Krokant bestreuen. Den Kuchen zum Schluss mit kleinen Tupfen der Creme verzieren – das war früher beim Backen mit meiner Oma übrigens immer mein Job.

FOODCHECK JAGGERY:

★ Jaggery ist unraffinierter Rohrzucker. Dazu wird Zuckerrohrsaft gekocht, bis er goldbraun ist, dann getrocknet und gemahlen.
★ Anders als bei uns, wo Zucker als extrem schädlich gilt, wird Jaggery in Indien in Maßen als gesundheitsfördernd angesehen. Im Ayurveda wird er eingesetzt zur Behandlung von Rachen- und Lungenkrankheiten, denn tatsächlich enthält er Stoffe, die Lungenschäden durch Kohlenstaub lindern können.
★ Er hat einen deutlich malzigeren Geschmack als normaler Haushaltszucker und ist mit seiner Süßkraft auch nicht ganz so intensiv.

Auf ein Wort

Nach vier Büchern und über zehn Jahren Beschäftigung mit Ayurveda habe ich eine grundsätzliche Entscheidung für mich getroffen: Weder verwende noch empfehle ich Milch-, Sahne-, Butter- oder sonstige Ersatzprodukte. Ich habe das in meinen vorherigen Büchern zwar noch getan, aber meine eigenen Erfahrungen und die Erfahrungen mit mehreren tausend Menschen, die ich in der Zwischenzeit getroffen, bekocht und beraten habe, lassen für mich nur diesen Schritt zu.
Es gibt nur einen Weg für dauerhaftes Wohlbefinden, und zwar den, so nahe am Ursprung zu bleiben wie möglich! Und davon sind viele künstlich hergestellte Produkte einfach meilenweit entfernt.
Deshalb verwende ich in diesem Buch nur richtige (Kuh-)Milch, echte Butter und Sahne. Es kann gut sein, dass das einige missbilligen, aber das nehme ich in Kauf. Teil des Lebens ist es auch, konsequente Entscheidungen zu treffen und nicht immer zu versuchen, es allen recht zu machen. Kein Mensch hat das Recht zu behaupten, seine Lebensweise, seine Philosophie oder Weltanschauung sei besser als die seiner Mitmenschen.
Wichtig ist, dass alles getragen ist von einer verantwortungsvollen ethischen und moralischen Lebensweise. Dazu zählt eben für mich auch, dass ich für meinen Kuchen lieber eine hochwertige Bio-Sahne verwende, die ich im Glas abhole, als ein mit Emulgatoren vollgestopftes Pseudo-Produkt aus dem Tetra-Pak, das weder gut schmeckt noch ordentlich steif wird.

EIN BLICK ZUM HIMMEL LOHNT SICH

oder Jyotisch, die Lehre vom Licht

Ganz im Sinne von Karls Motto der »Entschleunigung« steige ich wieder ins Auto und juckle ganz gemütlich nach Mühltal im vorderen Odenwald, das südöstlich von Darmstadt liegt. Dort möchte ich meine guten Freunde Brigitte und Dietmar treffen, um mich mit ihnen ein bisschen über vedische Astrologie zu unterhalten. Astrologie? Die kennen die meisten Leute wahrscheinlich nur im Zusammenhang mit Zeitungshoroskopen, Astro-TV oder sonstigen Kaffeesatz-Deutern.

IM GANZHEITLICHEN ANSATZ DES AYURVEDA SPIELT ABER AUCH DIESE WISSENSCHAFT EINE WICHTIGE ROLLE – DAS SOGENANNTE JYOTISCH.

Zum ersten Mal bin ich damit schon in meiner Ausbildung zum Ayurvedischen Gesundheitsberater in Berührung gekommen. Und selbstverständlich kann ich nicht behaupten, dass auch ich frei von den üblichen Vorurteilen von wegen »Glaskugel-Hokuspokus« war. Aber Dietmar, der Mann meiner Ausbilderin Brigitte, ein Landschaftsarchitekt, der sich mit vedischer Astrologie beschäftigt, hat mich damals mit seinen messerscharfen Argumenten schnell überzeugt, mir dieses Thema mal genauer anzuschauen. So besuchte ich auch bei ihm einige Seminare, weil ich seine Kombi aus Verstand und Kosmos äußerst spannend fand.

Bevor es ein bisschen weiter ans Eingemachte geht, vielleicht zuerst eine kleine Story, die meiner Meinung nach auf jeden Fall dafür spricht, dass es einen Zusammenhang zwischen tatsächlichen Realitäten und kosmischem Potenzial gibt.
Brigitte und Dietmar haben einen gemeinsamen Sohn. Sein berechneter Geburtstermin war der 11. September 2001. Schon Wochen zuvor zeigte sich an der Planetenkonstellation, dass genau an diesem Tag ein extrem starker Mars vorherrschen sollte. Will heißen: Der Mars bewirkt aus jyotischer Sicht Aggressionen, Streit bis hin zu kriegerischen Energien. Für Brigitte bedeutete dies ein potenziell erhöhtes Risiko von Komplikationen bei der Geburt. Da bereits klar war, dass das Kind per Kaiserschnitt zur Welt kommen soll, hat man sich mit diesem Wissen schließlich dafür entschieden, es schon am 10. September zu holen. Und vor dem Hintergrund, was an diesem Tag tatsächlich in Amerika passiert war, ist ein Zusammenhang nicht mehr ganz so einfach

auszuschließen. Abgesehen davon werden viele Kinder heutzutage nach viel absurderen Aspekten auf die Welt gebracht, etwa wenn es gerade noch zwischen Friseurtermin und der nächsten Familienfeier passt. Dann doch lieber nach einem Blick in die Natur entscheiden.

Ein weiteres Beispiel ist der von den Engländern willkürlich festgelegte Tag der indischen Unabhängigkeit, der 15. August 1947. Damals sind die vedischen Astrologen Sturm gelaufen gegen dieses Datum, denn die Konstellationen sprachen für lange währendes Unglück und Konflikte, was sich leider bestätigt hat, wenn man den noch immer andauernden Kaschmir-Konflikt zwischen Indien und Pakistan betrachtet.

AUCH DAS KANN ZUFALL SEIN, WENN ABER EINE EINFACHE ANALYSE DER KOSMISCHEN VORAUSSETZUNGEN AUSREICHT, WARUM SOLLTE MAN DANN NOCH UNNÖTIG STELLARES ÖL INS IRDISCHE FEUER GIEßEN?

Mir ist natürlich deutlich bewusst, dass die Astrologie einen gehörigen Kopfschüttel-Faktor besitzt. Wenn viele schon an dem Sinn von warmer Ernährung zweifeln, wird es hier natürlich völlig abgedreht. Führt man aber den ayurvedischen Gedanken der Verbundenheit aller Menschen und Dinge mit der Natur konsequent zu Ende, gehört auch dieser Bereich für mich dazu.

Ich persönlich kann mir jedenfalls nicht vorstellen, dass wir Menschen völlig außen vor sein sollen, wo die Planeten doch solche gewaltigen Energien wie den Lauf der Jahreszeiten, das Meer und die Sonne beeinflussen können. Jyotisch ist für mich ein schönes Beispiel dafür, welches Hauptproblem unsere moderne Gesellschaft mit solchen Philosophien wie dem Ayurveda hat. Es ist die Anerkennung unserer Rolle im großen Ganzen. Ob wir Menschen auf der Welt herumlaufen oder nicht, spielt für die Natur gar keine Rolle. Ver-

gleichbar mit dem 2. Brief von Paulus an Timotheus: *Was gehört uns, was uns nicht geschenkt wurde?* Daraus resultierend stellen sich dann schon einige Fragen: Was ist eigentlich so schlimm daran, dass wir nicht etwas Besseres sind? Was ist so schlimm daran, dass es etwas gibt, das größer ist als wir? Warum fällt es uns so schwer, das nicht als Geschenk, sondern als Einschränkung zu verstehen?

Hier kommen wir an den Punkt, an dem das ansonsten so pragmatische Ayurveda spirituell wird. Deshalb waren die Priester früher wahrscheinlich auch gleichzeitig Astrologen. Heute gibt es ja für alles eigene Spezialisten. Ursprünglich wurde Jyotisch vor allem zu praktischen Zwecken eingesetzt, etwa in der Landwirtschaft für Vorhersagen zu günstiger Aussaat und Ernteterminen, später kamen auch kultische Aspekte dazu.

In der östlichen Tradition ist die Verbindung der Astrologie zur Spiritualität stärker, im Gegensatz dazu gibt es bei uns im Westen eine stärkere Verbindung von Astrologie und Psychologie. Wenn bei uns jemand zum Astrologen geht, steht mehr das persönliche Glück im Vordergrund. Es geht darum, den richtigen Partner, den richtigen Job oder das große Glück zu finden. Wobei es manchmal auch nur um die perfekt sitzende Dauerwelle geht – es gibt tatsächlich immer mehr Leute, die nach dem Mondkalender zum Friseur gehen. Am schönsten wäre es, wenn einem die Sterne ganz ohne eigenes Zutun helfen würden. Aber so ist das natürlich ganz und gar nicht:

DIE ASTROLOGIE KANN DABEI HELFEN, POTENZIALE ZU ERKENNEN ODER RISIKEN ZU MINIMIEREN.

Denken und handeln muss man aber schon noch selbst.

WAS UNTERSCHEIDET DIE INDISCHE – VEDISCHE – ASTROLOGIE VON DER WESTLICHEN?

In der vedischen Astrologie wird der Mensch in den Kosmos eingefügt – sein Platz in der Schöpfung, im Lauf der Welt wird beleuchtet. Nicht sein Ego, symbolisiert durch die Sonne, steht im Vordergrund, sondern wie er in Harmonie mit der Umwelt lebt: Mit welchem Potenzial wurde er ausgestattet?

Die westliche Astrologie geht von Analogien aus. Der Punkt der Tagundnachtgleiche (21. März) ist mit 0° Widder gleichzusetzen, dies steht für den astrologischen Beginn des Jahres. Immer im Frühling ist folgende Energie zu beobachten: Die Tage werden länger, das Licht erobert die Welt zurück.

Am Himmel ergibt sich jedoch ein anderes Bild, welches im Gegensatz dazu von der vedischen Astrologie berücksichtigt wird. Durch die Präzession (die Verschiebung der Erdrotation), also die Verschiebung des Punktes der Tagundnachtgleiche, befindet sich die Sonne am 21. März nicht auf 0° Widder, sondern auf ca. 3° Fische. Ihre Energieunterscheidungen sind demnach feiner und genauer.

So wird zum Beispiel der Monat in 27 *Nakshatras* (Mondhäuser) unterteilt. Der Mond ist im Gegensatz zur westlichen Astrologie nicht nur 2½ Tage in einem Sternenbild (z. B. Zwilling), sondern bewegt sich täglich durch die Sternbilder. Jede dieser Konstellationen hat eine andere Energie – und damit auch eine spürbar veränderte Ausgangsvoraussetzung.

VASTU, DIE LEHRE VOM HARMONISCHEN LEBEN, ODER LASST RÄUME SPRECHEN …

Wenn ich schon mal bei Brigitte und Dietmar zu Gast bin und mit ihnen sowieso über vermeintlich ungewöhnliche Sachen plaudere, nutze ich gleich die Gelegenheit, um mit Dietmar noch mal ergänzend zu meinem Gespräch mit Toni in Wuppertal über *Vastu* zu sprechen. Zur Erinnerung, *Vastu* ist eine ganzheitliche Betrachtungsweise zur Gestaltung von Lebensräumen. Von Berufs wegen ist das sogar noch mehr Dietmars Thema. Auch wenn er jyotische Horoskope rechnet, ist für sein Ingenieursverständnis die Trefferquote in diesem Bereich mit 50 bis 60 Prozent noch zu gering. Dietmar möchte immer alles verstehen, und deshalb ist ihm die Lehre von *Vastu* sogar noch näher.

Ich persönlich halte *Vastu* – neben der Ernährung – von der dauerhaften Wirkung her betrachtet für den am meisten unterschätzten Aspekt des Ayurveda. *Vastu* kann eine konkrete, spürbare Lebenshilfe bieten. Ich selbst darf es immer wieder in meinem Kochatelier in Wuppertal erleben. Das Atelier ist nach *Vastu* gestaltet, und ich freue mich jedes Mal aufs Neue über die schönen Dinge, die darin passieren. Die Teilnehmer meiner Kurse kommen von überall her und kennen sich im Regelfall vorher nicht. Und doch kommt es oft vor, dass nach einem Kurs Telefonnummern und Mailadressen getauscht werden. Das Atelier produziert scheinbar eine ganze Menge guter Energie, und diese Tatsache, kombiniert mit dem entsprechenden Essen, ist ein ziemlicher Potenzialverstärker.

Und hier kommt gleich noch mehr *Vastu* in der Praxis: Wenn man durch eine klassische Reihenhaussiedlung fährt, kann man mit über 90-prozentiger Sicherheit sagen, wo Norden ist, ganz ohne Kompass. Denn der Norden ist meistens da, wo Eingangstür, Toilette und Abstellkammer sind. Süden liegt meistens dort, wo sich die größten Fensterflächen und der Garten befinden. Und das ist so, weil der Norden in unserer Gesellschaft als kalt, fies und dunkel gilt – das glauben wir zumindest. An dieser Stelle kann ich einen kleinen Ausflug nach Dessau empfehlen. Die Meisterhäuser der Bauhaus-Dozenten, die Gropius entworfen hat und in denen unter anderem auch Kandinski gearbeitet hat, haben die größten Fensterflächen im – richtig – Norden. Alle Ateliers befinden sich zu dieser Himmelsrichtung gelegen, denn dort herrschen das beste Licht zum Malen und die meiste Energie zur Kreativität, Konzentration und Inspiration.

Der Norden steht im *Vastu* für das wässrige, nährende, das spirituelle weibliche Prinzip und ist eine der wertvollsten Himmelsrichtungen überhaupt. Mal richtig plakativ bildlich gesprochen:

DIE TOILETTE IM NORDEN IST KEINE GUTE IDEE, DENN MAN STELLT BESSER KEINE KLOSCHÜSSEL AUF DEN ALTAR!

Bei einem aufmerksamen Spaziergang im Wald lässt sich übrigens auch leicht der Norden finden, wenn man sich nach dem Sonnenstand und seinem Schattenbild orientiert. Mittags um zwölf zeigt der Schatten immer Richtung Norden.

Das ist für mich das Geniale am Ayurveda: Man nutzt jeden Tag aufs Neue das unglaubliche Potenzial der Natur in allen Lebensbereichen, um jede Zelle mit richtig guter Energie aufzuladen. Ich finde es einfach schade, wenn dieses wertvolle Potenzial brachliegt, wenn man doch ganz easy so viel Positives daraus gewinnen kann. Und wer kann von sich behaupten, dass er keinen fetten Schwung guter Energie in seinem Leben gebrauchen kann?

EMPFEHLUNGEN FÜR EINE OPTIMALE AUFTEILUNG INNERHALB EINES HAUSES

Das Grundprinzip ist übrigens immer gleich, egal, ob man eine ganze Stadt plant oder nur einen einzelnen Raum gestalten möchte.

Der **Brahmasthan** wird als Mittelpunkt des Hauses bezeichnet. Seine Fläche kann man berechnen, diese sollte immer unverbaut und frei bleiben. Die Energie, die das Haus umgibt, gelangt durch den Brahmasthan hinein und verteilt sich durch ihn gleichmäßig in alle Richtungen. Deshalb sollten dort keine Wände oder Säulen gebaut werden.

Eingangsbereich mit Haustür sollte am besten im **Osten** des Hauses oder auch im **Norden** positioniert sein. Der Osten des Hauses ist der Ort für Vitalität, Neubeginn, Kraft, Macht, Inspiration und Antrieb. Es ist der Ort, an dem die Morgensonne aufgeht, die als besonders rein und wohltuend gilt. Wenn der Eingang im Norden liegt, kann dort auch das Wohnzimmer, Esszimmer oder das Bad liegen. Der **Norden** ist der Raum, der mit dem Prinzip des Wohlstands in Verbindung gebracht wird. Er wird als Ort des Friedens, auch der Geburt und Fruchtbarkeit im geistigen Sinne, des Gewinns und der Heilung angesehen und bietet sich einerseits als zweitbeste Möglichkeit für einen Eingang an, wenn ein Hauseingang nach Osten nicht möglich ist.

Möchte man einen Meditations-/Yogaraum im Haus einrichten, sollte dieser im **Nordosten** liegen, denn diese Himmelsrichtung gilt als die reinste und spirituellste und stellt als Kombination von Norden und Osten die Quelle der Kraft dar. Dieser Raum wird mit Reinheit und Kohärenz in Verbindung gebracht und sollte, wenn möglich, nicht mit Möbeln oder anderem Kram überladen werden. Ein solcher Raum eignet sich auch als Arbeitszimmer.

Das **Schlafzimmer** sollte im **Südwesten** liegen, es ist dem Element der Erde zugeordnet, was für Ruhe und Schwere steht, es wirkt unterstützend für den Schlaf.

Die **Küche** liegt am besten im **Südosten**, der dem Element Feuer zugeordnet ist. Natürlich steht es für Hitze und damit den Herd, der in diesem Raum eine ganz zentrale Rolle spielt. Dieser Raum enthält die Energien der Beschleunigung, Energetisierung, Ausstrahlung und Gesundheit.

Für die Lage des **Wohnzimmers** bietet sich der **Westen** an. Dieser Ort steht für Befreiung, Ruhe, Abschluss, Ruhm und Stolz. Es ist ein guter Ort für Geselligkeit. Ansonsten eignet er sich auch als Esszimmer, Atelier, Kinderzimmer oder Bad.

Die **Toiletten** sollten nicht im Brahmasthan oder direkt in den Ecken eines Hauses liegen. WCs sollten vom Bad getrennt werden und können im **Süden** oder im **Westen** plaziert sein.

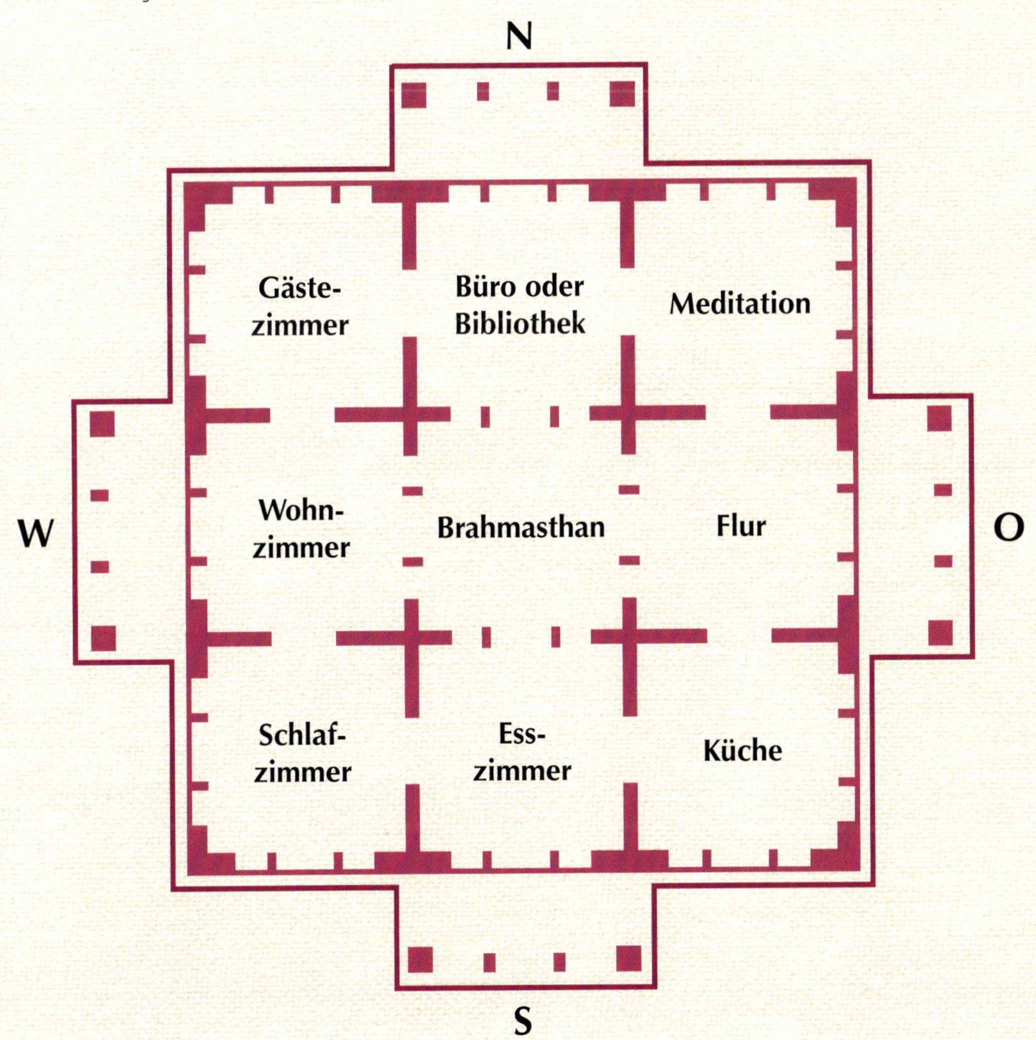

LUMPEN UND FLÖH

Arme-Leute-Essen de Luxe

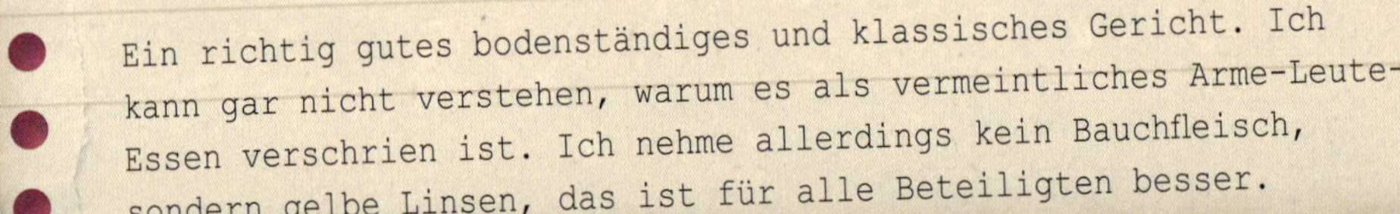

Ein richtig gutes bodenständiges und klassisches Gericht. Ich kann gar nicht verstehen, warum es als vermeintliches Arme-Leute-Essen verschrien ist. Ich nehme allerdings kein Bauchfleisch, sondern gelbe Linsen, das ist für alle Beteiligten besser.

Für 4 Personen  **Glutenfrei**

- 150 g gelbe Linsen
- 2 rote Zwiebeln
- 700 g Weißkohl
- 700 g Kartoffeln
- 5 EL Olivenöl
- 2 TL Kurkuma
- ½ TL Asafoetida
- 2 EL Kümmelsamen
- 2 EL Fenchelsamen
- 350 ml Gemüsebrühe
- 1 Becher Crème fraîche
- 1 Bund frischer gehackter Dill
- Salz und frisch gemahlener schwarzer Pfeffer

1. Die Linsen gut waschen. Die Zwiebeln schälen und in Würfel schneiden.
2. Den Weißkohl vierteln, den Strunk herausschneiden und den Kohl in etwa 2 cm dicke Streifen schneiden, dann waschen. Die Kartoffeln schälen und in Würfel schneiden.
3. Das Olivenöl in einem Topf erhitzen, Kurkuma, Asafoetida, Kümmel- und Fenchelsamen sowie Zwiebelwürfel zugeben und glasig andünsten.
4. Dann Kartoffelwürfel, Weißkrautstreifen und Linsen zugeben, kräftig mischen, die Gemüsebrühe aufgießen und 35 Minuten köcheln lassen. Mit Salz und Pfeffer abschmecken. Das Kraut sollte noch leichten Biss haben, die Linsen sollten aber weich sein. Das Gemüse in tiefen Tellern anrichten und mit einem Klecks Crème fraîche und etwas gehacktem Dill garnieren.

FOODCHECK WEISSKOHL:

★ Früher hat man Brustkrebspatientinnen Umschläge mit Pasten aus Weißkohl aufgelegt. Wurde lange Zeit noch darüber gelacht, ist das Lachen mittlerweile der Erkenntnis gewichen, dass da doch einiges dran ist: In der Tat hat man in Labortests nachgewiesen, dass Kreuzblütler wie der Kohl sekundäre Pflanzenstoffe, vor allem Sulforaphan, enthalten, die innerhalb weniger Stunden Krebszellen abtöten können. Wegweisende Studien wurden hier vor allem von der John-Hopkins-Universität in Baltimore vorgelegt.

★ Ein praktischer Kochtipp: Aufgrund seiner Schwefelverbindung riecht Kohl sehr stark, wenn man ihn länger kocht. Ein einfaches Gegenmittel ist, eine ganze Walnuss mit Schale und/oder etwas Sellerie mitzukochen.

Eat local! Handkäs ist ein typischer hessischer Sauermilchkäse, der mit der Hand geformt wird – daher der Name. Er besteht aus Magerquark und ist deshalb relativ fettarm, dafür aber eine kleine Eiweißbombe.

HANDKÄS-LINSEN-SALAT

Hier sind Kräuter Pflicht, sonst wird's windig

Für 4 Personen  Glutenfrei

- 1 Bund Lauchzwiebeln
- 100 g schwarze Belugalinsen
- 6 EL Olivenöl und etwas zusätzlich
- 150 ml Apfelwein
- 150 ml Gemüsebrühe
- 1 Apfel
- 1 kleine Salatgurke
- 2 TL Tamarindenpaste
- Salz, frisch gemahlener schwarzer Pfeffer und Rohrzucker
- 1 Bund Petersilie
- etwa 15 Basilikumblätter
- 250 g Handkäs oder Harzer Roller

1. Die Lauchzwiebeln waschen und in Ringe schneiden. Die Linsen gut abwaschen.
2. Das Olivenöl in einem Topf erhitzen, dann Linsen und Zwiebelringe zugeben und glasig andünsten. Apfelwein und Gemüsebrühe dazugießen und die Linsen 20 bis 25 Minuten bissfest garen.
3. In der Zwischenzeit Apfel und Gurke schälen, entkernen, in Würfel schneiden und in etwas Olivenöl 3 Minuten anbraten. Kurz vor Ende der Garzeit zu den Linsen geben.
4. Die Tamarindenpaste unter die Linsen mischen und mit Salz, Pfeffer sowie Zucker abschmecken.
5. Die Kräuter frisch hacken und den Handkäs in Streifen schneiden. Auf einer Platte anrichten, die Linsen darüber verteilen und mit Petersilie und Basilikum bestreuen.

FOODCHECK LINSEN:

★ Linsen und Hülsenfrüchte im Allgemeinen sind hervorragende Eiweißquellen und damit ein absolutes Muss für alle Vegetarier und Veganer. Sie stecken voller Power und wirken unter anderem auf den Cholesterinspiegel. Bei erhöhten Cholesterinwerten und regelmäßigem Verzehr wurde ein Absinken von 10 bis 20 Prozent gemessen. Es hilft allerdings nicht so viel, wenn man seine Linsen dauerhaft mit Schweinshaxen isst. Wichtig beim Verzehr von Linsen ist, dass man reichlich Gewürze verwendet, die der windfördernden Wirkung der Hülsenfrüchte entgegenwirken, zum Beispiel Fenchel, Kümmel, Anis, Koriander und natürlich Asafoetida.

Wer nach dem deftigen Essen noch Lust auf ein bisschen Süßkram hat, ist mit Erdbeerkuchen und Muffins gut bedient:

ERDBEER-VANILLEPUDDING-KUCHEN

Sweet cake of mine

Für 1 Kuchen

500 g Erdbeeren (am besten von der Bergstraße)
250 g weiche Butter
4 Eier
150 g feiner Rohrzucker
200 g Mehl
150 g gemahlene Mandeln
100 g Speisestärke
1 Packung Vanillepuddingpulver
500 ml Milch
25 frische Minzblätter
1 EL zerstoßene rosa Pfefferbeeren
Fett für die Form
Springform (22–25 cm Durchmesser)

1. Den Backofen auf 180 °C vorheizen. Die Erdbeeren waschen und das Grün entfernen. Butter, Eier und Rohrzucker schaumig rühren.
2. Das Mehl sieben, dann mit Mandeln und Speisestärke zur Butter-Eier-Mischung geben und alles zu einem geschmeidigen Teig verrühren.
3. Diesen in eine gefettete runde Springform füllen und etwa 35 Minuten goldbraun backen, dann auskühlen lassen.
4. Den Vanillepudding mit der Milch nach Anleitung kochen, die Minzblätter fein hacken und mit den Pfefferbeeren unter den Pudding mischen.
5. Die Puddingmasse auf dem abgekühlten Kuchenboden verteilen und die Erdbeeren mit der breiten Seite leicht in den lauwarmen Pudding drücken. Den Kuchen im Kühlschrank erkalten lassen.

FOODCHECK ERDBEEREN:

★ Wie andere Beeren auch enthalten die Erdbeeren große Mengen an Ellagsäure, der man positive Wirkungen in Sachen Tumorprävention sowie bei grauem Star nachsagt. Daneben haben sie einen hohen Ballaststoffgehalt, die unverdaulichen Fasern saugen Wasser im Darm auf, erhöhen somit das Volumen und machen den Stuhl geschmeidiger.

BIRNE-MINZE-MUFFINS

Süß genießen mit frischen Kräutern

Für 24 kleine oder 16 große Muffins

400 g Birnen
20 frische Minzblätter
Abrieb und Saft von
1 unbehandelten Limette
150 g feiner Rohrzucker
150 ml Pflanzenöl
2 Eier
300 g Mehl
1 Msp. Salz
1 TL Natron
150 ml Wasser mit Kohlensäure
Fett für das Blech
Muffinblech oder
Papiermanschetten

1. Den Backofen auf 180 °C vorheizen. Die Birnen waschen, halbieren, entkernen und grob reiben. Die Minzblätter fein hacken und mit dem Limettensaft mischen.
2. Zucker, Pflanzenöl und Eier schaumig rühren. Dann das Mehl daraufsieben, Salz, Natron und Mineralwasser dazugeben und zu einem geschmeidigen Teig vermischen. Zum Schluss die geriebenen Birnen gleichmäßig unterheben.
3. Das Muffinblech fetten und den Teig bis zu etwa einem Drittel der Höhe in die Mulden füllen. Alternativ den Teig in Papiermanschetten füllen. Die Muffins etwa 25 Minuten im vorgeheizten Ofen backen.

Ayurveda und Freundschaft – wie viel genügt, um glücklich zu sein?

Nach dem Treffen mit Brigitte und Dietmar komme ich ins Grübeln über den Wert der Freundschaft in meinem Leben. Auch das hat für mich mit Ayurveda zu tun. Denn Ayurveda bedeutet in erster Linie Verbindung. Verbindung zur Natur, aber natürlich auch Verbindung zu Menschen. Und dabei geht es nicht immer um die Quantität und die Frequenz.

Ayurveda ist die große Kunst der essenziellen Beschränkung auf das Wesentliche.

Beim Essen genügt eine kleine Schale mit liebevoll gekochtem Essen, um satt zu sein. Aber wie viel braucht man, um in Sachen zwischenmenschlicher Beziehungen »satt« und ausgefüllt zu sein? Ich bin überzeugt, dass in dieser Hinsicht das Gleiche gilt: Es braucht nicht unbedingt Dutzende von Freunden. Man hat vielleicht einen ganzen Handyspeicher voller Bekannter, aber wahre Freunde sind davon nur ein paar wenige. Und meiner Meinung nach braucht man auch nur eine Handvoll Menschen. Das müssen dann aber einfach nur die »richtigen« sein. Es sind die, die man mitten in der Nacht anrufen kann, die einem zuhören und ein Bett auf ihrem Sofa machen. Meistens ruft man, wenn es hart auf hart kommt, sogar nur eine einzige Person an.

Solche »wertvollen« Menschen müssen aber gar nicht nur die ganz engen Freunde sein. Auch mit Leuten, die man vielleicht erst einmal nicht so unbedingt auf dem Zettel hatte, kann sich etwas Tolles entwickeln. Man muss nur die Chance dazu nutzen. Diese Gedanken passen perfekt zu meiner Verbindung zu Christian aus meiner Heimatstadt Lorsch. Da ich sowieso in der Gegend bin und auch einen kleinen Abstecher zu meiner Familie machen will, nutze ich die Gelegenheit, um mich mit Christian zu treffen.

CHRISTIAN, DER KRÄUTERKOCH

Kochen mit Familienanschluss

Obwohl Chris anfangs gar nicht zu meinem ganz engen Freundeskreis gehörte, möchte ich dennoch »unsere« Geschichte kurz erzählen. Wir kennen uns schon seit vielen Jahren, wie sich eben Menschen kennen, die in derselben Kleinstadt aufgewachsen sind. Seine Familie gehört, wie meine auch, zum alten Lorscher »Adel«, und man kannte sich einfach vom Fasching. Ja, richtig gelesen, zu meiner Vergangenheit als Versicherungskaufmann gehört auch eine Karriere als Büttenredner, Tanzmajor und als Tänzer des Männerballetts der Närrischen Drei in Lorsch. Und auch wenn man mir das vielleicht heute nicht mehr ansieht und eventuell auch nicht zutraut, möchte ich diese Zeit in meinem Leben nicht missen, denn ich habe für meinen heutigen Job einiges mitgenommen. Zum einen kann einen nichts mehr erschüttern, wenn man sich jahrelang vor Hunderten von Leuten zum Vollhorst gemacht hat, und zum anderen mache ich ja heute auch so etwas, wie die Menschen zu unterhalten und sie für ein Weilchen ihren Alltag vergessen zu lassen. Das aber nur am Rande. Zurück zu Christian. Als ich Lorsch dann verließ, verband uns bis auf eine lose Facebook-Freundschaft nicht mehr viel.

Als ich aber eines Tages mal wieder zu Besuch bei Mama Mehl war, trafen wir uns zufällig wieder. Wir blieben auf ein paar Bier zusammensitzen, und ich habe ihm erzählt, was ich mittlerweile in meinem Leben so anstelle. Wir hatten sofort einen Draht zueinander. Er selbst lebt mit seiner Frau Tilla, den beiden Töchtern und ihrem Entlebucher Sennenhund in einem gemütlichen Haus in Lorsch. Und als er mir dann auch noch erzählt hat, dass er ein leidenschaftlicher Hobbykoch ist, der Gewürze, Pasten und Dips selbst herstellt und sich auch einen eigenen kleinen Kräutergarten angelegt hat, verabredeten wir, bei nächster Gelegenheit zusammen zu kochen.

DER AYURVEDISCHE KRÄUTERGARTEN

»Die Essenz aller Dinge ist die Erde, die Essenz der Erde ist das Wasser, die Essenz des Wassers sind die Pflanzen, die Essenz der Pflanzen ist der Mensch.«

(AUS DEN UPANISCHADEN I.1.2.)

Mittlerweile ist allgemein bekannt, dass Kräuter ebenso gut wirken wie Medikamente, da diese oft aus Kräutern hergestellt werden. Findet heutzutage die Forschung vor allem im Labor statt, hat man früher im Ayurveda einfach gut beobachtet und logische Schlüsse daraus gezogen. Ein Tee aus Weidenrinde war früher der Klassiker bei Schmerzen, Fieber und Entzündungen. Weidenrinde enthält den Wirkstoff Salizin. Unser modernes Aspirin enthält vor allem Acetylsalicylsäure – fällt dir was auf? Das bekannte Herzmittel Digitalis zum Beispiel enthält ähnliche Verbindungen wie die Pflanze Fingerhut. Im Ayurveda kommen viele einheimische Gewächse zum Einsatz, aber auch exotische und zum Teil auch weniger bekannte Kräuter und Pflanzen. Die folgenden sollte man immer im Garten oder auf dem Fensterbrett haben, denn sie können schnell zur Hausapotheke oder zu einem spontanen Pesto werden.

Anis und Fenchel

1 Teelöffel der Samen als Tee aufgebrüht wirkt gut bei Hitzewallungen und sonstigen Themen rund um die Menopause, außerdem bei Blähungen.

Minze

1 Esslöffel der gehackten Blätter als Tee aufgebrüht hilft bei Blähungen und Magenbeschwerden.

Melisse

2 Teelöffel der gehackten Blätter als Tee aufgebrüht wirken bei nervöser Unruhe und Halsschmerzen.

Petersilie

Kocht man sie komplett samt Blätter und Stengel, verbessert sie die Verdauung und wirkt mild entwässernd.

Rosmarin

1 Teelöffel der gehackten Nadeln als Tee aufgebrüht hilft bei Magenproblemen und Kopfschmerzen.

Gesagt, getan, heute stehen wir also zusammen am Herd. Während die Mädels ein bisschen beim Schnibbeln und

Teigausrollen helfen, verrät Christian mir, warum er so aufmerksam verfolgt, was ich so treibe. Seit langem hat er nämlich den großen Traum vom eigenen Café. Spontan lade ich ihn ein, bei mir im Offenen Atelier oder bei einem meiner Kochkurse zu helfen, um zu sehen, ob das Leben in der Gastronomie überhaupt etwas für ihn ist. Vielleicht ist das ja der Auftakt für Christian, den Sprung in die Selbständigkeit als Gastronom zu wagen? Wer weiß? Ich freue mich natürlich immer, wenn ich Menschen in irgendeiner Form bei ihrer Entwicklung unterstützen kann. Wie es auch kommen mag, der Abend ist ein wunderbarer Anfang für eine neue, »alte« Freundschaft zwischen uns beiden.

Aber jetzt zur Frage: Warum erzähle ich das Ganze? Weil auch die Geschichte mit Christian für mich »Ayurveda« ist. Dabei geht es unter anderem auch um das Vertrauen in das eigene Gefühl. Wenn man eine gute Verbindung zu einem Menschen spürt, sollte man dem auf jeden Fall nachgehen und versuchen, diese Verbindung zu intensivieren. Was bietet sich dafür Besseres an, als ein gemeinsames Essen? Obwohl wir noch nie zuvor etwas miteinander unternommen oder gar gekocht haben, war es ein wunderbar verbindender und genussvoller Abend. Ein kleiner Tipp von mir: Pack die Gelegenheit beim Schopf und lade jemanden zu dir nach Hause ein, bei dem du schon lange das Gefühl hattest, es könnte gut passen.

SCHAFFE BEGEGNUNGEN!

Du wirst überrascht sein, wie viel neuen »Input« Menschen, die du nicht tagtäglich in deiner Umgebung hast, in dein Leben bringen. Ganz zu schweigen von neuen Freundschaften, die sich vielleicht ergeben können. Sei offen und lasse zu, dass sich Neues entwickelt.

Neben einem leckeren Ofengemüse haben wir bei Christian und seiner Familie eine Focaccia mit zwei verschiedenen Dips als Vorspeise und als Dessert - speziell für die Naschkatzen - ein Blech Muffins gemacht. Hier kommen die Rezepte:

BASIC-KRÄUTER-FOCACCIA

Ein kleines Stück Italien aus dem Ofen

Für 4 Personen  Vegan

¼ Würfel Frischhefe
1 Prise Rohrzucker
4 EL Olivenöl + etwas zusätzlich zum Beträufeln
300 ml lauwarmes Wasser
500 g Weizenmehl, Type 550
2 TL Paprikapulver
1 TL gemahlener Kurkuma
3 EL Tomatenmark
1 EL zerstoßene Anissamen
1 TL Salz
4 Rosmarinzweige
1 Handvoll Kirschtomaten

1. Die Hefe zusammen mit Zucker, 4 EL Olivenöl und Wasser in einer Schüssel schaumig aufschlagen. Das Mehl mit Paprikapulver und Kurkuma mischen und in die Schüssel auf die Hefemischung sieben. Dann die restlichen Zutaten, bis auf Rosmarin und Tomaten, ebenfalls in die Schüssel geben, zu einem geschmeidigen Teig verkneten und abgedeckt an einem warmen Ort 2 Stunden ruhen lassen, je länger, desto besser! Den Backofen auf 200 °C vorheizen.
2. Den Teig auf einer bemehlten Arbeitsfläche nochmals leicht durchkneten, ausrollen und auf ein mit Backpapier ausgelegtes Backblech legen. Die Kirschtomaten halbieren und die Rosmarinnadeln abstreifen. Tomatenhälften und Rosmarin auf dem Teig verteilen und mit etwas Olivenöl beträufeln. Die Focaccia im vorgeheizten Ofen etwa 20 Minuten auf mittlerer Schiene goldbraun backen.

FOODCHECK WEIZEN:

★ Ich stehe total auf Weizen. Wenn es einen Fan-Club gäbe, würde ich sofort beitreten. Es gibt kaum ein Lebensmittel, das völlig zu Unrecht so in Verruf geraten ist wie der Weizen. Es gibt sogar eigene Bücher, in denen man Weizen für so ziemlich alles Böse auf der Welt verantwortlich macht.

★ Hier mal ein paar Fakten: Weizen ist eine der nahrhaftesten Getreidesorten überhaupt. Er enthält so viel Vitamin E, wie es sonst nur in Pflanzenölen vorkommt.

★ Es gibt Studien von Prof. Dr. Michael Davidson der Universität Chicago, die nachweisen, dass Weizen eines der besten Lebensmittel ist, um koronaren Herzkrankheiten vorzubeugen, und dass das Vitamin E, speziell aus dem Weizen, die Bildung von Cholesterin in der Leber verhindert. Besonders viel davon enthalten Weizenkeime. Abgesehen davon kann er mit seinen Ballaststoffen das Risiko von Darmkrebs senken. Der Mann kann nicht so unrecht haben, immerhin wurde er 2010 mit dem Titel »Bester Arzt der Vereinigten Staaten« ausgezeichnet. Dass ich bei meinen Recherchen im Prinzip auf keine einzige deutsche klinische Studie gestoßen bin, ist wahrscheinlich nur purer Zufall.

OLIVEN-KRÄUTER-DIP

Passt perfekt zur Focaccia

Für 4 Personen  Glutenfrei

4 Schalotten
1 grüne Chilischote
1 TL Ghee
jeweils 200 g entsteinte schwarze und grüne Oliven
150 g zerbröckelter Ziegenfeta
4 EL Tomatenmark
Blättchen von je 3 Zweigen Thymian, Estragon und Liebstöckel
100 ml Olivenöl
1 TL Honig

1. Die Schalotten schälen und in feine Würfel schneiden.
2. Die Chilischote fein hacken. Das Ghee in einer Pfanne erhitzen, Schalottenwürfel und Chili hineingeben und 5 Minuten glasig anschwitzen. Dann die Oliven dazugeben und unter Rühren weitere 3 Minuten erhitzen.
3. Die Oliven mit den restlichen Zutaten in ein ausreichend großes, hohes Gefäß geben und mit Hilfe eines Mixstabes zu einer groben Paste pürieren.

FOODCHECK OLIVENÖL:

★ Ich bin ein großer Kreta-Fan, unter anderem wegen des leckeren Essens und des für mich besten Olivenöls. Nicht ohne Grund gebe ich eigene Kreta-Kochkurse. Die Ernährung auf der Insel rückt zum Glück immer mehr in den Fokus, und das völlig zu Recht. Auf Kreta gibt es die niedrigsten Herzinfarkt- und Brustkrebsraten weltweit. Sterben zum Beispiel bei uns etwa 40 Prozent der Männer um die 50 an Herzversagen, sind es auf Kreta nur 7 Prozent. Die Zauberformel für diese Tatsache lässt sich schnell zusammenfassen: viel hochwertiges Öl, viele frische Kräuter, häufig vegetarische Speisen, wenn Fleisch, dann meist Ziege – von der entspannten Lebensweise mal ganz abgesehen.

★ Noch eine wichtige Message für die Welt: Der Chef der Kooperative von Kritsa auf Kreta, die schon mehrfach den Preis für das weltbeste Olivenöl gewonnen hat, gab mir folgenden Satz mit auf den Weg: »Man kann guten Gewissens mit Olivenöl Virgen extra auch kochen, braten und backen, je hochwertiger das Öl, umso besser«.

★ Natürlich hat er Recht, denn wie pervers ist es, wenn wir über 20 € für einen Liter Motoröl ausgeben und im Gegensatz oft nur ein Viertel davon für Olivenöl.

QUERFELDEIN-KRÄUTER-DIP

Nimm, was dein Garten hergibt

Für 4 Personen  Glutenfrei

250 g gemischte Kräuter aus dem Garten (z. B. Rucola, Petersilie, Basilikum, Minze)
3 TL Fenchelsamen
100 g geröstete Mandeln
150 ml Olivenöl
1 TL Salz
1 TL frisch gemahlener schwarzer Pfeffer
Saft von 1 Limette
1 TL Honig

1. Die Kräuter, wenn nötig, kurz waschen und abtropfen lassen.
2. Dann die Fenchelsamen grob im Mörser zerstoßen und in einer Pfanne ohne Fett 20 Sekunden anrösten. Alles mit den restlichen Zutaten in einem hohen Gefäß mit Hilfe eines Mixstabes zu einer groben Paste pürieren.

FOODCHECK SALAT:

★ Vielleicht hat es sich schon herumgesprochen, dass man im Ayurveda nicht der größte Fan von großen Mengen an ungekochten Blättern ist. Nicht ohne Grund hat uns der liebe Gott den Verstand fürs Feuermachen geschenkt und der Kuh fünf Mägen und ausreichend Zeit, um Grünzeug zu zerlegen.

★ Wenn es schon Salat sein muss, dann am besten kleinere Blattstrukturen wie zum Beispiel der Rucola, der noch mehr in die Kategorie Kräuter fällt. Durch seine leicht scharfe Senfölnote ist er eine gute Ergänzung zu einem warmen Essen. Man kann ihn auch in eine Suppe oder ein Püree mischen.

HIMBEER-ROSMARIN-MUFFINS

Klingt schräg, schmeckt lecker

Für 24 kleine oder 16 große Muffins

2 Rosmarinzweige
120 g feiner Rohrzucker
200 ml Pflanzenöl
2 Eier
150 g Mehl
100 g Stärke
100 g gemahlene Mandeln
1 Msp. Salz
2 EL geriebene Schokolade
1 TL Natron
Abrieb und Saft von
1 unbehandelten Orange
100 ml Wasser mit Kohlensäure
200 g frische Himbeeren
Fett für das Blech
1 Muffinblech oder
Papiermanschetten

1. Den Backofen auf 180 °C vorheizen. Die Rosmarinnadeln abstreifen und fein hacken. Zucker, Pflanzenöl und Eier schaumig rühren. Dann das Mehl daraufsieben, Stärke, Mandeln, Salz, Schokoraspel, Natron, Rosmarin, Orangenabrieb und Saft sowie Mineralwasser dazugeben und zu einem geschmeidigen Teig vermischen. Zum Schluss die Himbeeren vorsichtig unterheben.
2. Das Muffinblech fetten und den Teig bis zu etwa einem Drittel der Höhe in die Mulden füllen. Alternativ den Teig in Papiermanschetten füllen. Die Muffins etwa 25 Minuten im vorgeheizten Ofen backen.

JÜRGEN UND SEIN »FEURIGER« WEG

Philosophische Gedanken eines Künstlers

Nach einer gemütlichen Nacht in meinem alten Kinderzimmer treffe ich nach einem ausgedehnten Frühstück bei Mama Mehl auch gleich noch Jürgen. Ich kenne ihn schon seit 20 Jahren als altgedienten Ministranten in der Kirche, in der mein Vater Küster war. Jürgen ist ein spannender Typ mit einer der meinen sehr ähnlichen Vita. Wahrscheinlich verstehen wir uns auch deshalb so gut.

AUCH JÜRGEN HATTE ZEITEN DES AUF- UND AUSBRUCHS, UM DANN WIEDER IN SEINE ALTE HEIMAT ZURÜCKZUKEHREN.

Jürgens Vater hat eine klassische mittelständische Schlosserei, die unter anderem auch Leitern in großem Stil produziert – also eher die Richtung »Massenproduktion«. Grundsätzlich ist das natürlich völlig in Ordnung, aber für Jürgen als kreativen Kopf die reinste Horrorvorstellung. Aus diesem Grund trennten sich rasch deren Wege. Das kann im Leben immer mal wieder passieren, und ich finde es mutig und konsequent. Keiner hat gesagt, dass es einfach ist, seinen Weg zu gehen und sein Ding zu machen.

Nach mehreren Jahren Studium, einer Ausbildung und der Wanderschaft in Deutschland und der Schweiz kehrte er

nach verschiedenen Phasen der Suche und des Auslotens schließlich doch nach Lorsch zurück. Und um den Kreis zu schließen, hat er die alte Werkstatt des Vaters nicht nur zu seiner eigenen gemacht, sondern auch zu einem sehr schönen Atelier für seine Arbeit als Metallbildhauer ausgebaut – ein Ort, an dem sich der Künstler seinen ausdrucksstarken und filigranen Skulpturen widmet. Somit ist Jürgen inzwischen wieder bei seinen Wurzeln angelangt, hat dabei aber seinen ganz individuellen Platz gefunden. Man könnte sagen, er ist zur Ruhe gekommen.

Da ich weiß, dass Jürgen sich als Künstler auch viel mit philosophischen Gedanken beschäftigt, habe ich ihn in unserem Gespräch gefragt, was er über die einzelnen Elemente des Ayurveda denkt – also Feuer, Wasser, Erde und Luft.

1. Feuer ist für ihn ein ganz ursprüngliches Lebenselixier. Aus dem Feuer entstehen seine Werke, aus dem Feuer werden auch wir Menschen geboren. Ohne Stoffwechsel kein Leben. Es ist leicht und flatterhaft, gleichzeitig ist es Fluch und Segen, da es natürlich auch eine große zerstörerische Kraft besitzt.

Liebe ist stets der Anfang des Wissens, so wie Feuer der Anfang des Lichtes ist.

THOMAS CARLYLE

2. Wasser ist Bewegung. Es steuert die Prozesse. Auch neben dem Schmiedefeuer steht immer ein Wassertrog, um das Werkstück zu kühlen und so den Schmiedevorgang zu steuern. Durch Wassereinwirkung wird der Stahl wie bei der Messerproduktion auch gehärtet und geformt – Wasser ist Transformation.

Nichts auf der Welt ist so weich und nachgiebig wie das Wasser. Und doch bezwingt es das Harte und Starke.

LAOTSE

3. Erde ist der Ursprung des Stahls. Er wird in der Erde geboren und aus unterschiedlichen Stoffen geformt. Erde gibt Stabilität, Struktur und Halt.

> **Die Erde lacht über den, der einen Ort sein eigen nennt.**
>
> **HINDU-WEISHEIT**

4. Luft (Äther) ist Bewegung, Dynamik und Raum für Weiterentwicklung. Auch Jürgen entwickelt seine Arbeiten immer weiter. Hat er früher seine künstlerischen Ideen eher statisch dargestellt, bringt er heute seine Stahlskulpturen in Bewegung. Der massive Stahl erhält durch die Bewegung eine spielerische Leichtigkeit. Das gilt im Übrigen auch für das Leben: Ohne Bewegung entsteht keine Leichtigkeit, weder im Körper noch im Geist.

> **Worte sind Luft.**
> **Aber die Luft wird zum Wind,**
> **und Wind macht die Schiffe segeln.**
>
> **GOTTHOLD EPHRAIM LESSING**

Es kommt immer mal wieder vor, dass die Elemente aus dem Gleichgewicht geraten und eines der *Doshas* überwiegt. Die folgenden Rezepte helfen, alles wieder ins Lot zu bringen:

Gegen zu viel Feuer
zum Beispiel Sodbrennen

CHICORÉE-ZIEGENKÄSE-AUFLAUF

Fast zenmäßig reduziert …

Für 4 Personen  Glutenfrei

3 Chicoréestauden
150 ml Olivenöl
300 g Ziegenfeta
1 EL grobes Meersalz
3 EL Ahornsirup

1. Den Backofen auf 180 °C vorheizen.
2. Den Chicorée vierteln, den Strunk entfernen und die äußeren Blätter abzupfen.
3. Die Chicoréeviertel gleichmäßig in einer Auflaufform verteilen, mit dem Olivenöl beträufeln, den zerbröckelten Ziegenfeta darüberstreuen. Den Auflauf für 25 bis 30 Minuten im Ofen backen, bis der Käse goldbraun geworden ist. Zum Schluss mit Meersalz würzen und den Ahornsirup daraufträufeln.

FOODCHECK CHICORÉE:

★ Genetisch bedingt haben wir eine natürliche Aversion gegen bittere Lebensmittel, da in der Natur bitter oft ein Zeichen für »giftig« ist. Darüber muss man sich beim Chicorée aber keine Gedanken machen. Natürlich steht bitter nicht ganz oben auf der Genussskala, aber für die Verdauung sind gute Bitterstoffe extrem wichtig. Sie fördern die Tätigkeit von Leber und Galle und wirken sich so sehr positiv auf die Verdauung aus. Wenn man ihn dann noch schick mit dem nötigen Schuss Süße zubereitet, kann Chicorée sehr spannend sein.

Gegen zu viel Wasser
zum Beispiel Ödeme

PETERSILIEN-GRANATAPFEL-INGWER-DRINK

Nach einem langen, heißen Tag!

Für 4 Gläser  Vegan • Glutenfrei

je 1 Bund fein gehackte Petersilie und Minze
½ l Apfelsaft
½ l Granatapfelsaft
2 TL frischer gehackter Ingwer

Alle Zutaten kurz in einem Topf aufkochen und im Anschluss mindestens 2 Stunden ziehen lassen. Am besten leicht lauwarm trinken.

FOODCHECK PETERSILIE:

★ Vielen ist vielleicht nicht bekannt, dass auch die Petersilie als Heilpflanze eingesetzt wird. Sie hat einen sehr hohen Vitamin-C-Gehalt, wirkt anregend und kann auch gegen Frühjahrsmüdigkeit helfen. Frauen untersützt sie bei der Linderung von Menstruationsbeschwerden.

Gegen zu viel Erde
zum Beispiel geistige Schwere

BASILIKUM-FENCHEL-DRINK

Macht den Kopf frei

Für 4 Gläser  Vegan • Glutenfrei

1 Bund Basilikum
1 l Birnensaft
1 Fenchelknolle
1 kleines Stück Ingwer

Den Fenchel fein hacken und mit den restlichen Zutaten in einen Topf geben. Dann kurz aufkochen und mindestens zwei Stunden ziehen lassen. Am besten leicht lauwarm trinken.

KAROTTEN-KARTOFFEL-STAMPF MIT FRISCHEM RUCOLA

Süß und erfrischend

Für 4 Personen  **Glutenfrei**

300 g Karotten
200 g Kartoffeln
1 rote Zwiebel
3 EL Olivenöl
2 TL frischer gehackter Ingwer
100 ml Gemüsebrühe
1 Bund Rucola
2 EL Ghee
Salz und frisch gemahlener schwarzer Pfeffer

1. Karotten und Kartoffeln schälen und in Stücke schneiden.
2. Die Zwiebel schälen und in Würfel schneiden. Das Olivenöl in einem Topf erhitzen, Zwiebeln, Gemüse und Ingwer 5 Minuten glasig darin anschwitzen. Die Gemüsebrühe aufgießen und alles bei geschlossenem Deckel 25 Minuten garen.
3. In der Zwischenzeit den Rucola grob hacken. Das gegarte Gemüse grob stampfen, Rucola und Ghee untermischen, mit Salz und Pfeffer abschmecken. Dann noch eine warme Decke und Kuschelsocken, und die Welt sieht schon wieder anders aus!

FOODCHECK ZWIEBEL:

★ Die Legende sagt, dass Zwiebeln einer der Gründe waren, warum der Norden den amerikanischen Bürgerkrieg gewonnen hat. Denn die Truppe litt an der Ruhr, und erst nachdem aus Washington drei Wagenladungen Zwiebeln ankamen, ließ sie General Grant weitermarschieren. Wie auch immer, auf jeden Fall enthält die Zwiebel viele wertvolle Stoffe, unter anderem Quercetin, das amerikanischen Forschungen zufolge in der Lage ist, das Wachstum von Darmtumoren zu verhindern. Aus Sicht des Ayurveda sollte man zurückhaltend vor allem beim Verzehr von rohen Zwiebeln und Knoblauch sein, da sie sehr deutlich wahrnehmbar das Windelement erhöhen.

PURE FREUDE ODER ZURÜCK ZUR ESSENZ

Kochen in der Behindertenhilfe Bergstraße in der Werkstatt in Lorsch

Ich bin der festen Überzeugung, dass es eine der größten Herausforderungen im Leben ist, sich ab und an mal aus der Alltagsmühle herauszuziehen, sich im Spiegel tief in die Augen zu schauen und die Frage zu stellen:

»WIE GEHT ES MIR EIGENTLICH? IST DAS, WAS ICH MACHE, AUCH DAS, WAS ICH MACHEN WILL, UND MACHT ES MICH GLÜCKLICH?«

Ich steckte im Frühjahr 2015 in einer Phase, in der ich gemerkt habe, dass gerade mächtig was falsch läuft und dass mein Leben zu diesem Zeitpunkt auf keinen Fall so ist, wie ich mir das vorgestellt habe. Aus mir war eine Mischung aus Verwaltungsbeamter, Psychologe und Hamster im Rad geworden. Ich habe kaum noch gekocht, sondern war nur damit beschäftigt, mich um die Befindlichkeiten von anderen Menschen zu kümmern. Abgesehen davon war ich ständig unterwegs, um Aufträge und Sponsoren zu finden, damit ich den absurden

Kostenapparat finanzieren konnte, den ich mir ans Bein gebunden hatte. Schluss, Aus, Ende. Denn ich war mittlerweile so weit weg von mir und meinem Thema wie die Erde vom Jupiter! Es hieß also:
Stecker ziehen, neu sortieren und ehrlich mit sich selbst sein.
Ich wollte einfach endlich wieder kochen und vor allem Spaß dabei haben. Nicht als Erstes überlegen, was dabei rumkommt. So entstand die Idee zu »Kochen mit Mehl«. Ich startete einen Aufruf übers Internet, auf den sich soziale und karitative Einrichtungen, die sich über einen gemeinsamen Kochtag freuen würden, bei mir melden sollten. Die Aktion gibt es übrigens immer noch!
Witzigerweise hat sich als Erstes eine Mitarbeiterin der Behindertenhilfe Bergstraße in meiner alten Heimatstadt Lorsch gemeldet, ohne zu wissen, dass ich dort aufgewachsen bin. Einen besseren Auftakt für meine Aktion konnte es nicht geben! Und als ich dann für dieses Buch auf Stippvisite in Lorsch war, haben wir das gleich verbunden und unsere Kochaktion in ihrer Werkstatt gestartet.
Wie sich schnell herausstellte, ist das Wunderbare am Arbeiten mit Menschen, die ein Handicap haben, dass sie meistens ganz direkt im Moment leben. Die Menschen in der Behindertenhilfe haben sich riesig gefreut, dass mal ein frisches Gesicht vorbeikommt und mit ihnen Neues ausprobiert.

OB MAN WICHIG IST ODER AUCH NICHT, IST IHNEN SO WAS VON EGAL, UND DAS TUT SEHR GUT.

Zur Begrüßung erzählte mir Martin – er hat eine leichtere Form des Down-Syndroms –, dass er 48 Jahre alt ist und früher gerne Messdiener war. Außerdem hat er gerade nicht so viel Hunger, da er auf seine Figur achtet.

Leider isst er auch keine Suppe, und Äpfel mag er auch keine. Mit meiner Karotten-Lauch-Suppe und meinem Apfelkuchen hatte ich also gleich die fetten Treffer gelandet. Aber das Schöne ist, es hat überhaupt keine Rolle gespielt. Martin hat geschnibbelt, was das Zeug hält, und auch beim Würzen vom Fenchelgemüse keine Scheu gekannt.

Muss ich sonst die Teilnehmer in meinen Kursen eher animieren, mal mutig in den Gewürztopf zu greifen, war Michael fast etwas enttäuscht, als ich sagte, eine halbe Dose rosenscharfes Paprikapulver würde locker reichen. Zum Schluss haben wir zusammen auch alles komplett weggeputzt.

Für mich waren es zwei sehr einprägsame Stunden auf dieser Reise. Man dreht sich meist genug um sich selbst und bläst sein Ego auf, vor allem wenn man ein neues Buch schreibt. Gerade dann ist es wichtig, sich selbst mal nicht so wichtig zu nehmen.

Und ganz am Rande habe ich auch noch etwas zum Thema Ego und Solidarität gelernt: Ich bin ja nun schon seit Jahren - sagen wir mal - in der »Szene« für bewusstes Leben unterwegs. Man kann dort schon den Eindruck gewinnen, die ganze Welt überschlage sich vor Liebe, Solidarität und Mitgefühl. Kein Tag, an dem nicht Tausende Posts im Internet ein fröhliches Om Shanti in die Welt tragen, keine Yoga-Konferenz oder Eso-Messe, auf der es nicht um Love, Peace and Happiness geht, meist in Tateinheit mit Spendenaufrufen für Tibet, Nepal und Indien. Das ist sicher alles gut und hat seine Berechtigung.

Aber eine Mitarbeiterin der Behindertenhilfe hat mir erzählt, dass sie seit Wegfall des Zivildienstes so gut wie keine freiwilligen Mitarbeiter mehr für ihre Werkstätten und die Betreuung der Bewohner findet. Ich möchte nicht sarkastisch klingen, aber wenn man so viel Liebe in sich trägt, dann kann man doch locker für Nepal spenden und zusätzlich einmal in der Woche in einer Behinderten-Werkstatt oder einem Altenheim helfen. Auch Karma kennt keine Grenzen. Es wirkt bei uns genauso wie am anderen Ende der Welt, auch wenn es vielleicht beim nächsten veganen Matcha-Latte-Tierrechte-Stammtisch nicht ganz so spektakulär klingt. Kann man sich ja vielleicht mal zu Herzen nehmen …

Die folgenden Rezepte haben wir gemeinsam gekocht – es hat superviel Spaß gemacht, danke noch mal an die Jungs und Mädels der Behinderten-Werkstatt in Lorsch, dass ich ihr Gast sein und ihnen ein bisschen »Ayurveda« vorbeibringen durfte. Und obwohl vielleicht Gerichte dabei waren, die nicht unbedingt jeden Tag auf den Tisch kommen, haben alle Beteiligten ordentlich reingehauen.

KAROTTEN-KOKOS-LAUCHCREME-SUPPE

Und immer mutig würzen!

Für 4 Personen  **Vegan • Glutenfrei**

- 500 g Karotten
- 1 Lauchstange
- 2 EL Ghee
- 2 TL frischer gehackter Ingwer
- 2 TL süßes Currypulver
- 1 TL scharfes Currypulver
- 800 ml Gemüsebrühe
- 400 ml Kokosmilch
- Saft von 1 Limette
- Salz und frisch gemahlener schwarzer Pfeffer

1. Die Karotten schälen und in Scheiben schneiden. Den Lauch in Ringe schneiden und gut waschen. Das Ghee in einem Topf erhitzen.
2. Dann Ingwer, Karotten, Lauch und beide Currypulver zugeben und für 5 Minuten glasig andünsten. Gemüsebrühe und Kokosmilch angießen und 20 Minuten köcheln lassen. Die Suppe zum Schluss mit Hilfe eines Mixstabes sämig pürieren und mit Limettensaft, Salz und Pfeffer abschmecken.

FOODCHECK KAROTTE:

★ Die gute alte Karotte – ein echter Klassiker. Ich stehe auf das Knackig-Süße und die tolle Farbe. Mal ganz abgesehen von ihren Inhaltsstoffen wie zum Beispiel Beta-Karotin, das der Körper in Vitamin A umwandelt. Außerdem ist sie in ihrer CO_2-Bilanz einfach unschlagbar: Einfach raus in den Garten, aus der Erde ziehen, in den Dampfgarer damit und ein schickes Pesto dazu. Gibt's ein einfacheres Essen?

SELLERIE-KARTOFFEL-PUFFER MIT SÜßKARTOFFEL-FENCHEL-GEMÜSE

Arbeit, die sich lohnt

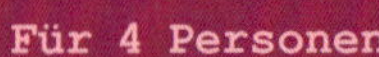
Für 4 Personen

FÜR DIE SELLERIE-KARTOFFEL-PUFFER

50 g Perlgraupen
200 ml Gemüsebrühe
1 Bund Petersilie
2 Rosmarinzweige
2 Thymianzweige
2 Oreganozweige
3 Staudensellerie
400 g festkochende Kartoffeln
1 Ei
50 g gemahlene Mandeln
50 g Semmelbrösel
2 TL Salz und frisch gemahlener schwarzer Pfeffer
Olivenöl zum Ausbacken

1. Für die Puffer zuerst die Perlgraupen 15 Minuten in der Gemüsebrühe kochen und weitere 10 Minuten nachquellen lassen. Die Petersilie grob hacken und den Rosmarin fein hacken. Thymian- und Oreganoblättchen von den Zweigen zupfen.
2. Die Fäden vom Staudensellerie ziehen und ihn anschließend grob raspeln. Die Kartoffeln schälen und reiben. Danach in ein Küchentuch geben, die vier Enden aufnehmen, das Tuch fest zusammendrehen und so die verbliebene Flüssigkeit aus den Kartoffeln drücken. Dann mit den restlichen Zutaten in eine Schüssel geben und gründlich mischen. Etwas Olivenöl in einer Pfanne erhitzen, je 2 gute Esslöffel der Masse ins Öl geben, mit den Händen leicht flach drücken und die Puffer 3 bis 4 Minuten von jeder Seite goldbraun ausbacken.

FÜR DAS GEMÜSE

2 Fenchelknollen
1 Süßkartoffel
1 grüne Chilischote
2 EL Ghee
2 TL frischer gehackter Ingwer
2 TL Currypulver
400 ml Kokosmilch
½ TL Salz
1 Bund Koriander
Saft von ½ Limette
Salz und frisch gemahlener schwarzer Pfeffer
2 EL gerösteter Sesam

3. Für das Gemüse die Fenchelknollen waschen, halbieren und in feine Streifen schneiden. Die Süßkartoffel waschen und in mundgerechte Würfel schneiden. Die Chilischote hacken. Das Ghee in einem Topf erhitzen, Ingwer, Currypulver und Chili zugeben und 3 Minuten glasig andünsten. Dann Fenchelstreifen, Süßkartoffelwürfel, Kokosmilch und Salz zugeben, dabei gut mischen. Einen Deckel auf die Pfanne geben und 15 Minuten garen; das Gemüse darf noch Biss haben. In der Zwischenzeit den Koriander waschen und grob hacken. Das Gemüse am Ende der Garzeit mit Limettensaft und, wenn nötig, mit Salz und Pfeffer abschmecken. In einer Schüssel anrichten und mit gehacktem Koriander und geröstetem Sesam bestreuen.

FOODCHECK GERSTE:

★ Kein Mensch mehr kocht heute mit Perlgraupen, den geschälten Gerstenkörnern, auch Rollgerste genannt. Noch ein Lebensmittel, das im Superfood-Wahn untergegangen ist. Dabei ist Gerste auch ein hammermäßiges Powerfood: Es senkt den Cholesterinspiegel, beugt durch seine gerinnungshemmende Wirkung Schlaganfall vor und fördert die Verdauung. Außerdem enthält sie das Antioxidans Tokotrienol, das Wissenschaftler mittlerweile für noch wirksamer halten als andere Vitamin-E-Formen. Ihm wird ein um 50 Prozent höherer Wirkungsgrad zugesprochen, und das alles zu einem vergleichsweise lächerlich billigen Preis.

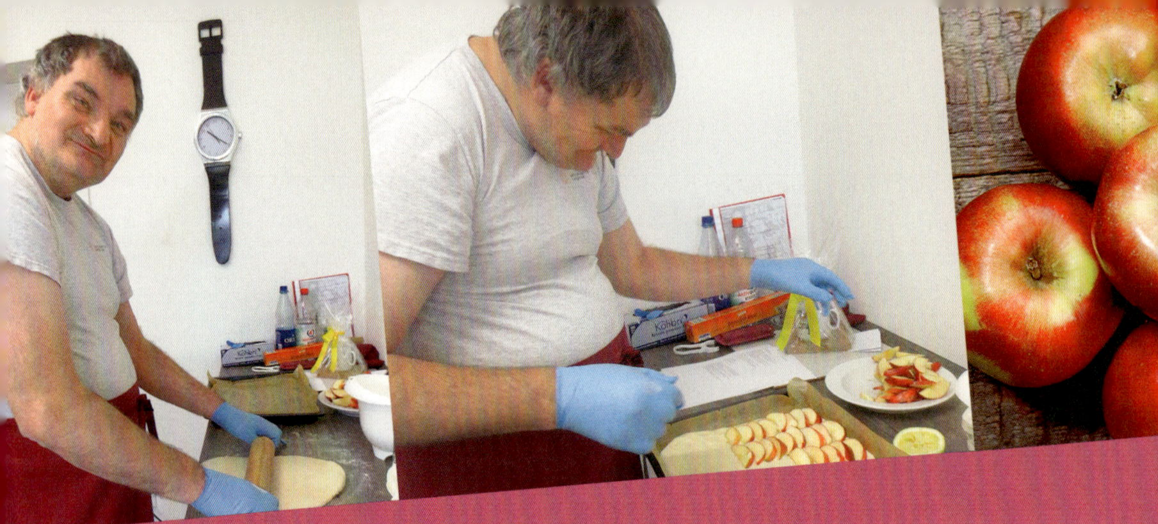

APFEL-DINKEL-KUCHEN

Simpel, lecker und gelingt immer

Für 12 Stücke  Vegan

½ Würfel Frischhefe
2 EL feiner Rohrzucker + etwas zusätzlich zum Bestreuen
200 ml lauwarmes Wasser
50 ml Sonnenblumenöl
500 g Dinkelmehl
100 g gemahlene Mandeln
1 unbehandelte Orange
4 Äpfel

1. Die Hefe mit dem Zucker in die lauwarme Wasser-Öl-Mischung einrühren.
2. Dann Mehl und Mandeln zugeben und zu einem geschmeidigen Teig verarbeiten. Abdecken und an einem warmen Ort 30 Minuten gehen lassen.
3. Den Backofen auf 180 °C vorheizen. Die Orangenschale abreiben und den Saft auspressen. Die Äpfel waschen, vierteln, entkernen und in feine Spalten schneiden. Dann mit dem Saft beträufeln.
4. Den Teig auf einem mit Backpapier ausgelegten Backblech ausrollen, die Apfelspalten fächerförmig darauf verteilen und mit dem Orangenabrieb bestreuen.
5. Zum Schluss etwas Rohrzucker über den Kuchen streuen. Im vorgeheizten Backofen etwa 20 Minuten backen.

FOODCHECK HEFE:

★ Grundsätzlich verwende ich Hefe eher sparsam. Und wenn, dann immer frische Hefe statt Trockenhefe. Im Übermaß erhöht Hefe die *Vata*-Energie, das heißt, sie wirkt blähend und austrocknend. Wenn sie einen Teig aufbläht, macht sie das natürlich auch mit unserem Magen-Darm-Trakt. Deshalb lieber etwas weniger davon nutzen und entblähende Gewürze wie Kümmel, Anis und Fenchel in den Teig geben.

ZITRONEN-PISTAZIEN-POLENTA-MUFFINS

Klein, fein, außergewöhnlich

Für 24 kleine oder 16 große Muffins

FÜR DIE MUFFINS

150 g feiner Rohrzucker
150 ml Pflanzenöl
3 Eier
150 g Mehl
150 g feiner Polentagrieß
100 g gemahlene Pistazien
Abrieb und Saft von
2 unbehandelten Zitronen
1 Msp. Salz
1 TL Natron
Fett für das Blech
1 Muffinblech oder
Papiermanschetten

FÜR DIE GLASUR

100 g Puderzucker
Saft von 1 Zitrone

1. Den Backofen auf 180 °C vorheizen. Zucker, Pflanzenöl und Eier schaumig rühren. Dann das Mehl daraufsieben, Polentagrieß, Pistazien, Zitronenabrieb und -saft, Salz sowie Natron dazugeben und zu einem geschmeidigen Teig vermischen.
2. Das Muffinblech fetten und den Teig bis zu etwa einem Drittel der Höhe in die Mulden füllen. Alternativ den Teig in Papiermanschetten füllen.
3. Die Muffins etwa 25 Minuten im vorgeheizten Ofen backen und auskühlen lassen. Für die Glasur Puderzucker und Zitronensaft verrühren und die Muffins damit bestreichen.

FOODCHECK PISTAZIE:

★ Streng nach der Botanik ist die Pistazie zwar keine klassische Nuss, sondern ein Strauchgewächs aus der Sumach-Familie, ich lasse sie aber mal unter der Nuss-Familie laufen. Sie gilt im Ayurveda als magenfreundlich und leicht wärmend.
Ihr wird eine positive Wirkung bei der Prävention von Herzkrankheiten nachgesagt. Aber Achtung: Besser nicht zu viel davon essen, denn sie sind sehr fetthaltig.
100 g Pistazien enthalten 52 Prozent Fett.

★ An dieser Stelle ein Wort zu Nussfetten im Allgemeinen: In der veganen Szene verzehrt man tendenziell sehr viel Nussfette. Hier ist weniger mehr. Nussfette sind ein ziemlich großer Block feuchtes Eichenholz auf unser Verdauungsfeuer. Eines der schwersten Fette ist das Kokosfett, damit bitte besonders sparsam umgehen. Im Ayurveda wird es häufig nur äußerlich unter anderem als Haaröl eingesetzt, da es der Magen schlecht verarbeiten kann.

HÖR AUF DEINEN KÖRPER

REISE 4

Auf Reise vier meiner Tour kam ich nach dem Trubel der letzten Wochen endlich mal dazu, ein paar Stunden in der Sonne zu sitzen, leckeres Essen zu genießen und mein derzeitiges Leben Revue passieren zu lassen. Das tat unheimlich gut. Ich empfehle jedem, sich zwischendurch mal dafür Zeit zu nehmen. Aber natürlich bin ich nicht nur in die Hauptstadt gefahren, um zu faulenzen, nein, ich habe eine ganze Menge Menschen getroffen, die für mich gefühlt ganz typisch Berlin sind: zwei Mädels, die ein Erotikmagazin für Frauen herausgeben, einen Ayurveda-Gewürzproduzenten und eine Schauspielerin, die ganz im Hier und Jetzt lebt. Diese Kombination, nur ein paar Straßen voneinander entfernt, gibt es wahrscheinlich sonst nicht so häufig. Ich habe die Tage an der Spree sehr genossen. Deshalb lautet mein Resümee der vorletzten Reise in diesem Buch: ›Berlin, ick find dir super.‹

BERLIN, BERLIN

Weltstadtprovinz mit charismatischem Chaos

Bis ich meinen Frieden mit Berlin gemacht habe, hat es einige Winter gedauert. Vor ein paar Jahren habe ich selbst mal für kurze Zeit in der Stadt an der Spree gelebt, wobei *gelebt* ist übertrieben, sagen wir mal, ich hatte da eine Wohnung. An dieser Stelle ein heißer Tipp: Wer darüber nachdenkt, in die Stadt mit dem großen B zu ziehen, macht das besser nicht kurz vor dem Winter, denn das kann echt übel sein. Nach einem Jahr in München sollte es eigentlich so eine Art persönliche Befreiung werden, es hat sich aber als eine meiner größten privaten Katastrophen entpuppt. Die Stadt kann natürlich nix dafür, aber wenn es einem schlechtgeht und man sich einsam fühlt, tut das in so einer Großstadt natürlich doppelt so weh. Seit dieser Zeit bin ich sicherer denn je, dass ich nicht für Städte tauge, in denen erst auffällt, dass du nicht mehr da bist, wenn die Wohnung zu stinken beginnt …

FÜR MICH WAR DAS SEHR HEILSAM, DENN SPÄTESTENS SEIT DIESEM ZEITPUNKT WEIß ICH, DASS ICH »PROVINZ« BIN, UND ZWAR MIT VOLLER ÜBERZEUGUNG – MAN KANN EBEN NICHT GEGEN SEINE NATUR ANLEBEN.

Mittlerweile, mit ein bisschen Abstand, bin ich wieder großer Berlin-Fan und freue mich immer, wenn ich für ein paar Tage da bin. Denn man muss schon ehrlich sagen: Berlin ist die einzige deutsche Großstadt, die im Hinblick auf die Gastroszene einigermaßen mit London, New York oder Amsterdam mithalten kann. Für mich ist es das Paradies schlechthin, wenn ich auf einer Strecke von 200 Metern die Wahl zwischen zehn verschiedenen Länderküchen habe.

Und genau aus diesem Grund und dank einiger sehr netter und interessanter Leute, die ich in der Hauptstadt kenne, war mir klar, dass eine Tour meines Buches auf jeden Fall nach Berlin gehen soll. Ich habe mich in diesem Fall auch ganz bewusst für die Bahn als Fortbewegungsmittel entschieden, denn wenn man es nicht eilig und auch in Sachen Pünktlichkeit ein Faible für den indischen Lifestyle hat, ist die Bahn ein sehr entspanntes Verkehrsmittel.

Was mir dabei allerdings schwerwiegend auffiel, ist die Tatsache, dass viele Menschen kaum noch in der Lage sind, »Kalender zu machen«. Kalender machen, nie gehört? Also jemand macht Kalender, wenn er oder sie einfach nur mal aus dem Fenster oder in die Luft schaut – also so etwas wie eine kurze, spontane »geistige Detox-Kur«. Die meisten packen, kaum am Platz angekommen, entweder ihren Rechner, ihr Handy, ihren Reader oder sonst eine Ablenkungsmaschine aus. Offensichtlich fällt es vielen Menschen unwahrscheinlich schwer, auch mal eine Zeit des vermeintlichen Nichtstuns als wertvolle Zeit anzusehen. Dabei kann sich unser Geist nur entspannen, wenn wir mal keine bewussten Aktivitäten forcieren.

Offenbar gilt für viele die Devise, keine Zeit zu verschwenden und jede freie Minute möglichst effizient zu nutzen. Dennoch sind Zeiten der Ruhe für den Geist *und* den Körper so unglaublich wichtig. Ein Gedanke, der in der Arbeitswelt, wo Quantität mit Qualität oft verwechselt wird, leider gänzlich unvorstellbar wäre. Bis heute brüsten sich Leute häufig – mehr oder weniger bewusst – mit ihrer 60-oder-mehr-Stunden-Woche. Da könnte man provokant annehmen, dass diese Menschen extrem schlecht organisiert sind oder dass sie einen ziemlichen Ausbeuter als Chef haben und es bis heute nicht bemerkten. Ich kann aus meinem eigenen Freundeskreis bestätigen, dass nicht alle Menschen, die tagsüber Golf spielen, stinkreiche Snobs sind. Viele davon sind einfach nur bestens organisiert, gut vernetzt, können gut delegieren, trauen ihren Mitarbeitern auch etwas zu und leiden nicht an *Pitta*-verstrahltem Führungskräfte-Kontrollwahn.

Ein kleiner Ayurveda-Tipp am Rande: Gönne dir jeden Tag wenigstens fünf Minuten »Kalender machen«: Das heißt, mach die Wand vor dir, den Baum nebenan oder die Decke über dir zu deinem Freund. Starre einfach entspannt ins kurzfristige Nirwana. Wenn du die klitzekleine Übung täglich einbaust, wirst du diese spezielle Zeit nicht mehr missen wollen.

Dann noch etwas, das ich an alle Fahrgäste der Berliner S-Bahn, U-Bahn und ganz besonders an die Fahrer der Berliner Busse richte: ›Hallo, lächeln ist erlaubt!‹
Ganz schräg ist, dass man im ersten Moment angeschaut wird, als käme man vom Mond, wenn man in der U-Bahn jemanden anlächelt oder guten Tag sagt. Nach dem Motto: »Was will der denn? Noch so'n Blick, Lippe dick!« Lass dich nicht davon abhalten, die Wirkung eines Lächelns wird immer noch extrem unterschätzt!

Stell dir doch einfach die Aufgabe, bei der nächsten Benutzung der öffentlichen Verkehrsmittel einfach jemanden anzulächeln. Und nimm dabei in Kauf, vielleicht für leicht verrückt gehalten zu werden …

Eine andere Sache ist mir beim Anblick der in Berlin und in vielen Großstädten allgegenwärtigen Obdachlosen und sozial Schwachen wieder eingefallen: Ein spiritueller Lehrer hat mir schon vor Jahren mitgegeben, dass man, wenn möglich, jede Woche einem Menschen, der auf der Straße lebt, eine vegetarische Mahlzeit kaufen sollte. Und zwar nicht nur nach Ansprache, sondern grundsätzlich. Einfach das Essen abgeben und weiterlaufen – nicht umdrehen, nicht groß reden, einfach nur geben und weitergehen, als wäre es das Normalste auf der Welt. Probier's aus. Es ist nur eine kleine Geste, aber sie hinterlässt Spuren, auf beiden Seiten!

Erotik ist weiblich

Ein Besuch bei der Séparée, einem erotischen Magazin für Frauen

Gleich mein erster Termin in Berlin hat es in sich. Es ist ein Plausch mit Dr. Janina Gatzky und Ute Gliwa, den Gründerinnen von *Séparée*, einem jungen Hochglanz-Magazin für Frauen. Ein bisschen bin ich schon auf den Inhalt unseres Gespräches vorbereitet, denn die beiden hatten mich für einen Artikel über Ayurveda und kulinarischen Genuss mit einer Rezeptstrecke in ihrer letzten Ausgabe gebucht, und so kam ich auf die Idee, dass diese beiden Ladys die perfekten Kandidatinnen für mein Buch sein könnten. Ich steige also bei sommerlichen Temperaturen am Hauptbahnhof Berlin aus dem Zug und mache mich mit einem Eiskaffee in der Hand auf den Weg nach Friedrichshain.

Gleich zu Beginn ein kleiner Exkurs über aphrodisierende Gewürze und Mittel im Ayurveda:

Amalaki

Amalaki (Indische Stachelbeere, lat.: *Phyllanthus emblica*) gilt als die wirksamste Pflanze gegen den Alterungsprozess. Sie balanciert die drei *Doshas* aus und zeigt positive Wirkungen auf fast alle Gewebe und Organe des Körpers. Die Amalaki enthält sehr viel Vitamin C und andere Antioxidantien, die den Zellstoffwechsel aktivieren, vor freien Radikalen schützen und den gesamten Körper verjüngen. Außerdem empfiehlt man die Einnahme zur Empfängnis sowie zur Erhaltung der Schwangerschaft beziehungsweise Verhinderung einer Fehlgeburt. Als Nahrungsergänzung sollten täglich 3–5 g des Früchtepulvers mit Wasser getrunken werden.

Ashwagandha

Die Wurzeln von Ashwagandha (Schlafbeere/Winterkirsche, lat.: *Withania somnifera*) werden angewendet, um die Stärke der Körpergewebe zu erhöhen. Sie gleichen Immunstörungen aus und sind ein wirkungsvolles Aphrodisiakum für den Mann, sie verbessern die sexuelle Kraft und Erektionsdauer sowie die Fortpflanzungsfunktionen. Außerdem ist Ashwaganda eine klassische Anti-Stress-Pflanze, die bei körperlicher und geistiger Erschöpfung und Auszehrung empfohlen wird. Dazu täglich 2–3 g Ashwaganda-Pulver in Milch einrühren und trinken.

Kapikacchu

Die Juckbohne (lat.: *Mucuna pruriens*) ist das im Ayurveda meistempfohlene Aphrodisiakum. Schon 2-3 g des Pulvers mit Milch eingenommen verbessern die sexuelle Kraft und den allgemeinen Gesundheitszustand. Die Pflanze ist eine natürliche Quelle von L-Dopa, dem Vorläufer von Dopamin, die auch gegen Parkinson eingesetzt wird. Im Ayurveda wird die Juckbohne auch als nervenstärkendes Tonikum im Kaffee geschätzt.

Rasala

Traditionelles Mittel der vedischen Sexualheilkunde *(Vajikarana)* zur Stärkung der sexuellen Kraft:
Zutaten: 500 g Joghurt, 250 g Puderzucker, 2 g Pfeffer, 2 g Ingwer, 20 g Ghee, 20 g Honig, 5 g Nelken, 5 g Muskat, 1 g Safran.
Zubereitung: Alle Gewürze mahlen, und den Joghurt am besten durch ein Baumwolltuch drücken. Den Puderzucker dazugeben, Pfeffer und Ingwer untermischen. Zum Schluss Ghee und Honig, Nelke, Safran und Muskat gut mit der Joghurtmasse vermengen.
Dieses Mittel kann von beiden Geschlechtern eingenommen werden. Am besten in Form einer Aufbaukur etwa 2 Wochen lang zweimal am Tag etwa einen Teelöffel davon einnehmen.

Shatavari

Shatavari (Wilder Spargel, lat.: *Asparagus racemosus*) ist eines der wichtigsten Stärkungsmittel für Frauen, Es wirkt sich positiv auf die milchproduzierenden Drüsen und unterstützende Gewebe sowie Hormone aus. Die Wurzeln des Spargels begünstigen die Empfängnis. Außerdem soll er dabei helfen, die Schwangerschaft zu erhalten und Fehlgeburten vorzubeugen. Zu diesem Zweck empfiehlt man täglich 3-5 g.

Die Mädels empfangen mich am Küchentisch ihrer Altbauwohnung – wo im Übrigen auch das Magazin zu großen Teilen entsteht –, um mit mir ein bisschen über den Unterschied zwischen männlicher und weiblicher Erotik und was das ganze Thema eigentlich mit Ayurveda zu tun hat, zu quatschen.
Als Erstes interessiert mich – wie wahrscheinlich viele andere auch –, wie die beiden eigentlich auf die Idee zu diesem Magazin kamen. Der Grund war schlicht und einfach der, dass sie selbst den Wunsch nach einem Heft hatten, in dem anspruchsvolle Fotografie und hochwertige Männerakte vereint wurden – gepaart mit guten Geschichten und einem frischen und ansprechenden Layout. Und da Janina und Ute direkt oder indirekt bereits von der schreibenden Zunft waren, beschlossen sie vor etwa einem Jahr kurzerhand, das Ganze selbst in die Hand zu nehmen. Zusammen mit einer befreundeten Grafikerin legten sie los und lernten das Handwerk des Magazinmachens nach eigener Aussage erst mit der ersten Ausgabe, der sogenannten 0-Nummer. Finanziert haben sie die Geschichte selbst, nur unterstützt durch ein bisschen Crowdfunding. Allerdings fand dieses erste Heft schnell viele Unterstützer, und die Mädels »schwammen auf einer positiven Welle«, die bis heute anhält und sich noch weiter ausbreitet. Denn immer mehr Frauen kaufen die *Séparée* mittlerweile sogar am Kiosk oder vernetzen sich auf Facebook.

Viele, gerade die älteren Damen, stehen offen zu ihrer Sexualität, sie verlieren Scheu und Hemmungen – mag sein, dass der Hype um »Fifty Shades of Grey« nicht unbeteiligt an dieser Entwicklung ist.

Aber zurück zum Heft: Schnell stellten die beiden fest, dass ein deutlich positiveres Feedback der Leserinnen zu Männerakten kam, die von weiblichen Fotografen geschossen wurden, als zu den Bildern von männlichen. Warum ist das wohl so? »Die Frauen haben einfach einen anderen, weiblicheren Blick auf die Dinge«, erklären mir Janina und Ute, und so kommt es schon mal vor, dass ein heißer Gärtner mit Hacke und Schaufel im Gewächshaus posiert. Denn Frauen haben den Wunsch nach »Geschichten«, sie wollen ihr Kopfkino anschalten. Deshalb stört es sie auch nicht – im Gegenteil, sie wünschen es sich sogar –, dass andere Frauen auf den Fotos zu sehen sind, in die sie sich hineinversetzen und sich quasi ihre eigene »Story« entwickeln können.

FÜR DAS WEIBLICHE GESCHLECHT HAT EROTIK VIEL MIT VERSPRECHEN UND VERHEIßUNG ZU TUN.

Ich sag nur: Coca-Cola-Light-Mann! Das ist schon ein krasser Unterschied zu den Männern. Ihnen geht es meistens eher um das »Visuelle«, mal etwas deutlicher ausgedrückt: Zeig ihnen Busen und Po, und sie sind teilweise schon glücklich. Wobei mittlerweile auch viele Männer zu den Lesern der *Séparée* gehören, denn dort können sie zum einen etwas über die weibliche Sicht der Erotik lernen, und zum anderen ist es schon auch spannend für sie, sich ein Stück weit zu öffnen. Da erkenne ich doch gleich eine Parallele zu meinen Kochkursen: Dort heißt es zuerst auch immer »Raus aus der Höhle«. Es muss nicht immer nur Fleisch sein, auch Gemüsegerichte können lecker schmecken, zum Teil vielleicht sogar spannender als ein Klumpen Fleisch auf dem Teller. Also weg vom »Marlboro-Man«, hin zum »Veggie-Piraten«.

Auf die Frage, wie passt eigentlich das Thema Familie mit Erotik zusammen, sind sich die Damen sehr einig:

Das Bedürfnis danach wird mit den Jahren eher stärker als schwächer. Aber wie findet man zwischen Job, Kindern und Haushalt den Ausweg aus dem »Erotiksumpf«? Es ist ganz einfach:

1. **Die Grundlage ist gegenseitige Achtung und Wertschätzung, auch von Kleinigkeiten wie dem Wäschewaschen. Man sollte nie den Blick für das Besondere verlieren, warum man sich in den jeweiligen Menschen verliebt hat. Im Alltagstrott schleichen sich oft »Selbstverständlichkeiten« ein, und so sinken beide Partner am Abend oft frustriert und erschöpft wie Steine ins Kissen, und es bleibt keine Energie für Sex und körperliche Nähe übrig.**
Also ihr Männer da draußen, seid euch nicht zu schade, eure Frauen im Haushalt zu unterstützen. Das tut euch beiden gut.

2. **Nicht neu, aber ganz wichtig: miteinander reden. Nur wer über seine Bedürfnisse, Wünsche und Phantasien redet, hat die Chance, dass sie auch erfüllt werden. Viele erwarten, dass der Partner Gedanken lesen kann. Das fällt beiden Geschlechtern oft gleich schwer, denn viele Frauen haben Angst, aus ihrem typischen Bild auszubrechen. Sie müssen ihr erotisches Selbstbewusstsein häufig erst entwickeln oder wollen die Männer nicht verletzen, wenn sie deutlich sagen, dass ihnen etwas nicht gefällt. Da kommt es natürlich nicht gerade gelegen, dass das männliche Geschlecht eher dazu neigt, sein Tun und Handeln ungern in Frage zu stellen.**
Ihr seht, ich bin zwar ein Mann, finde mich und meine Geschlechtsgenossen aber in Janinas und Utes Worten teilweise echt wieder.

3. **Und last, but not least: Seht die Erotik als eine Art »Hobby« – holt sie raus aus der Pflichtschublade. Auf die gleiche Art wie ihr euch Zeit nehmt, zum Yoga oder zum Pokerabend zu gehen, solltet ihr auch die Erotik in eurer Beziehung pflegen. Verabredet euch, kocht ein leckeres Essen und sperrt den Alltag für ein paar Stunden bewusst aus. Konzentriert euch auf den Moment und euren Partner. Das fällt vielleicht zu Anfang etwas schwer, aber mit der Zeit wird es sicher immer leichter, den Alltag einfach mal abzustreifen.**

Und genau hier liegt für mich die Verbindung zum Ayurveda: Für die alten Inder gehört neben ausreichendem Schlaf und passender Ernährung auch eine heilsame und gute Sexualität zu den Hauptsäulen einer stabilen Gesundheit. Anders ausgedrückt: Man kann diese drei Punkte als ultimative Glücksformel für ein erfülltes (Beziehungs-)Leben bezeichnen.

Hier zeige ich euch mein »Ayurveda for Lovers«-Menü, mit dem ihr eure Liebsten ins Reich der Aromen, Gewürze und der Verführung locken könnt. Köchelt das doch einfach mal an einem entspannten Wochenende zu Hause in eurer Küche und schaut, was passiert …

KAROTTEN-MANDEL-CREMESUPPE MIT GRANATAPFEL-BASILIKUM-TOPPING

Erotik aus dem Suppentopf

Für 4 Personen  Vegan • Glutenfrei

500 g Karotten
1 Bund Lauchzwiebeln
4 EL Sesamöl
2 TL frischer gehackter Ingwer
2 TL süßes Currypulver
½ TL Anissamen
800 ml Gemüsebrühe
400 ml Kokosmilch
50 g gemahlene Mandeln
1 Granatapfel
8 Basilikumblätter

1. Die Karotten schälen und in Stücke schneiden. Die Lauchzwiebeln waschen und in Ringe schneiden.
2. Das Sesamöl auf mittlerer Stufe in einem Topf erhitzen. Ingwer, Currypulver und Anissamen dazugeben und 20 Sekunden anschwitzen, bis die Gewürze anfangen zu duften. Danach Lauchzwiebelringe und Karottenstücke dazugeben und 3 Minuten glasig andünsten.
3. Gemüsebrühe und Kokosmilch angießen und etwa 15 Minuten kochen. Dann die gemahlenen Mandeln dazugeben und die Suppe mit Hilfe eines Mixstabes sämig pürieren. Den Granatapfel entkernen.
4. Die Suppe in Schalen anrichten und mit je einem Esslöffel Granatapfelkernen und einigen Basilikumblättchen garnieren.

FOODCHECK GRANATAPFEL:

★ Der Granatapfelbaum an sich ist im Prinzip eine einzige Apotheke, am häufigsten werden aber seine Früchte verwendet. In meinen Kochkursen sehe ich immer große Fragezeichen in den Gesichtern, wenn ich die Geschmacksrichtung »zusammenziehend« erwähne. Der Granatapfel ist ein schönes Beispiel dafür; aus diesem Grund hat er eine intensive kühlende Wirkung. Saft und Kerne helfen bei Fieber und sind gut für Frauen in den Wechseljahren, um die Hitzewallungen erträglicher zu machen. Seine getrocknete Schale zu Pulver gemahlen ist ein altes Hausmittel bei Durchfall.

DUFTREISCURRY MIT LIMETTENBLÄTTERN, THAI-BASILIKUM, MANDELN UND FEIGEN

Sinnliche Exotik

FÜR DAS CURRY

4 getrocknete Feigen
1 rote Zwiebel
3 Stengel Zitronengras
1 Zucchini
1 rote Paprika
1 Süßkartoffel
2 EL Ghee
1 EL frischer gehackter Ingwer
8 Limettenblätter
1 TL Currypulver
2 TL Kurkuma
1 TL rote Currypaste
100 g geschälte Mandeln
400 ml Kokosmilch
1 TL Salz
20 Thai-Basilikum-Blätter

1. Die Feigen in dünne Streifen schneiden und bis zum Anrichten zur Seite stellen. Die Zwiebel schälen und in Würfel schneiden. Das Zitronengras fein hacken und die Zucchini halbieren und in Würfel schneiden. Die Paprika entkernen und in Streifen schneiden. Die Süßkartoffel schälen und in mundgerechte Stücke schneiden.
2. Das Ghee in einem Topf erhitzen. Ingwer, Zwiebelwürfel, Limettenblätter, Currypulver, Kurkuma und rote Currypaste dazugeben und so lange anschwitzen, bis der Ingwer glasig wird.
3. Das Gemüse und die Mandeln dazugeben, kräftig umrühren, die Kokosmilch angießen und bei geschlossenem Deckel 20 bis 25 Minuten köcheln lassen. Zum Schluss mit Salz abschmecken und mit Thai-Basilikum und Feigenstreifen garnieren. Mit dem Duftreis servieren.

FÜR DEN REIS

1 Tasse Basmati-Duftreis
2 Schalotten
1 ½ Tassen Wasser
1 EL Ghee
½ TL Salz

Den Basmatireis gründlich unter fließendem Wasser waschen. Die Schalotten schälen und in Würfel schneiden. Das Ghee in einem Topf erhitzen, Reis und Schalottenwürfel dazugeben und glasig andünsten. Dann Wasser und Salz dazugeben, einmal kurz aufkochen lassen und den Reis 20 bis 25 Minuten auf mittlerer Hitze abgedeckt ziehen lassen, bis das komplette Wasser verdampft ist.

FOODCHECK FEIGE:

★ Die Feige ist die wahrhaft paradiesische Frucht des gleichnamigen Baumes. Es war angeblich die Lieblingsfrucht von Kleopatra. Auf jeden Fall wird die Feige schon seit Jahrtausenden zum Süßen von Speisen verwendet und häufig auch als Aphrodisiakum eingesetzt. Bewiesen ist auf jeden Fall ihr hoher Kalium- und Ballaststoffgehalt. Sie stärkt also nicht nur die Libido, sondern schont auch noch das Herz. Männer, was wollt ihr mehr?

VANILLEPUDDING MIT ORANGENWASSER UND GERÖSTETEN PISTAZIEN

Süßer Abschluss aus 1001 Nacht

Für 4 Personen  Vegan • Glutenfrei

3 Vanilleschoten
1 l Milch
120 g Speisestärke
150 g Rohrzucker
3 EL Orangenwasser
1 EL Ghee
3 EL ungesalzene Pistazienkerne

1. Die Vanilleschoten im Ganzen hacken. Die Hälfte der Milch in einem großen Topf zum Kochen bringen und dabei ständig rühren, damit sich keine Haut bildet. Die Speisestärke in der restlichen Milch auflösen, dann unter Rühren zur heißen Milch gießen und nochmals kurz aufkochen. Dann Zucker, Orangenwasser und Vanilleschote zufügen und so lange rühren, bis die Masse andickt.
2. Den Topf vom Herd nehmen und den Pudding in eine Auflaufform gießen.
3. Das Ghee in einer Pfanne erhitzen, die Pistazien darin goldbraun anrösten, hacken und über den Pudding geben. Den Pudding mindestens 4 Stunden im Kühlschrank auskühlen lassen.

FOODCHECK VANILLE:

★ Montezuma II. hat angeblich bis zu 50 Tassen einer Kakao-Vanille-Mischung am Tag getrunken. Das halte ich für ziemlich sportlich, aber auf jeden Fall verströmt Vanille einen betörenden Duft. Ich nutze sie nicht nur für Süßspeisen, sondern auch für herzhafte Gerichte. Dabei hacke ich grundsätzlich die komplette Schote und kratze nicht nur das Mark aus. Denn vor allem in der Schale sitzen sehr viele Aromastoffe.

SAFRAN-MANDEL-DATTEL-DRINK

Da geht was – pures Aphrodisiakum

Für 2 Gläser  Vegan • Glutenfrei

8 Datteln
20 geschälte Mandeln
½ l Milch
0,2 g gemahlener Safran
1 TL Jaggery-Zucker
1 Msp. Salz

Die Datteln entsteinen, hacken und anschließend mit den Mandeln über Nacht in der Milch einweichen. Dann die Milch kurz aufkochen, die restlichen Zutaten einrühren, grob pürieren und lauwarm trinken.

FOODCHECK DATTEL:

★ Datteln gelten als das »Brot der Wüste«. Sie sind extrem nahrhaft, sehr sättigend und verdammt lecker. Das größte Highlight meiner Aufenthalte in Nordafrika war immer ein frischer Minztee, Datteln frisch von der Palme gepflückt und dazu ein Sonnenaufgang in der Wüste. Mehr braucht man eigentlich nicht zum Glücklichsein.

GÜNTHER ECKERLE

Der Magier der Gewürze von Cosmoveda

Nach einem herrlichen Tag – ausgeschlafen, entspannt an der Spree und flanierend durch Berlin (das habe ich echt mal gebraucht) – treffe ich mich heute mit Günther Eckerle, einem der Bio-Ayurveda-Pioniere Deutschlands. Er sitzt mit seiner Firma Cosmoveda in Berlin und produziert alles, was das Ayurveda-Herz höherschlagen lässt. Von Kräutern und Gewürzen über Öle und Kosmetika. Gerade das Thema Gewürze mag ich natürlich besonders, denn:

WAS WÄRE EIN AYURVEDA-KOCH OHNE SEINE GEWÜRZE? RICHTIG, EIN ZIEMLICH ARMER KERL!

EINE KLEINE AUSWAHL DER STANDARD-AYURVEDA-»TOOLS«

Ingwer

Wird bei Erkältungskrankheiten und Übelkeit eingesetzt. Er wirkt außerdem antiseptisch, hilft also bei entzündlichen Prozessen. Er ist als natürliches Schmerzmittel bekannt und fördert die Durchblutung. Auch kann Ingwer aphrodisierend wirken.

Kardamom

Wirkt entspannend und gleichzeitig anregend, außerdem leicht aphrodisierend, entzündungshemmend und stimmungsaufhellend. Im Ayurveda wird es zur Reduzierung von *Pitta* eingesetzt. Es regt das Verdauungsfeuer *(Agni)* an, ohne *Pitta* zu erhöhen. Dadurch wird der Stoffwechsel angekurbelt und damit auch die Verdauung.

Kurkuma

Wirkt antiseptisch und antibakteriell, vor allem bei Erkrankungen der Atemwege. Außerdem kann es abschwellend wirken und Schmerzen lindern. Im Ayurveda sagt man ihm eine entgiftende Wirkung nach, es soll außerdem förderlich für die Blutbildung sein. Allgemein stärkt Kurkuma und reinigt den Organismus.

Safran

Wirkt appetitanregend und stärkt gleichzeitig das Verdauungsfeuer, aber ebenfalls ohne *Pitta* zu erhöhen. Er kann bei Kopfschmerzen helfen und soll Leber, Herz und Milz kräftigen. Man verwendet ihn zur Stimmungsaufhellung, und wie Kardamom wirkt er wie ein leichtes Aphrodisiakum. Er soll außerdem Liebe und Mitgefühl fördern.

Sternanis

Wirkt anregend und gleichzeitig harmonisierend. Er ist ein hilfreiches Mittel gegen jegliche Art von Magenkrämpfen und soll außerdem die Bronchien bei Reizung beruhigen.

Zimt

Dieses Gewürz wärmt immens und kann deshalb gut bei Erkältungen eingesetzt werden. Er wirkt antibakteriell und kann den Blutzucker senken. Auch Sodbrennen kann damit gelindert werden. Er ist außerdem sehr ballaststoffreich.

Am meisten interessiert mich bei Günther, den es aus dem Altmühltal in der Ingolstädter Ecke an die Spree verschlagen hat, wie er eigentlich zum Ayurveda kam, denn das Thema wurde ihm nicht gerade in die Wiege gelegt. Seine Erziehung war gutbürgerlich und ziemlich fleischlastig. Bis heute ist er der einzige Vegetarier in seiner Familie geblieben. Trotzdem spürte er die Faszination für exotische Lebensmittel und Länder schon sein ganzes Leben tief in sich. Und obwohl seine Studienwahl zunächst weit weniger exotisch scheint - ein Studium der Lebensmittel-Chemie in München -, bereiste er schon während der Semesterferien mehrfach Indien und Sri Lanka und hat dort die Faszination Ayurveda am eigenen Körper erfahren. Dies prägte ihn so, dass er entschied, sich vegetarisch zu ernähren. Er hatte früh gemerkt, dass all das fleischhaltige und fette Essen ihm und seiner Verdauung nicht guttat. Diese ganz persönlichen Erfahrungen waren für ihn die Initialzündung, und er beschloss, dass die Welt mehr von Ayurveda erfahren und profitieren sollte. Mitte der 90er Jahre des letzten Jahrhunderts war er damit einer der Pioniere. Damals kamen gerade langsam die ersten makrobiotischen Lebensmittel in die bei weitem noch nicht so stark verbreiteten Biomärkte. Nichtsdestotrotz stand für Günther fest, dass er unter keinen Umständen in der klassischen Pharmazie bleiben wollte. Was ihn in dieser Branche besonders frustrierte, war die Tatsache, dass seiner Meinung nach keiner so wirklich wusste, wie Krankheit und Gesundheit eigentlich funktionieren. Und das im Zusammenspiel mit dem Unvermögen, die wahren Ursachen für gesundheitliche Probleme zu erkennen und zu behandeln, vor allem von chronischen Krankheiten.

Nach einem längeren Aufenthalt in Asien beendete er sein Studium in Karlsruhe, eröffnete dort zusammen mit ein paar Kumpels einen eigenen Bioladen und entwickelte parallel seine ersten Gewürzmischungen. Es herrschte echte Gründerstimmung. Die Eltern hatten nicht nur das Startkapital zur Verfügung gestellt, sondern

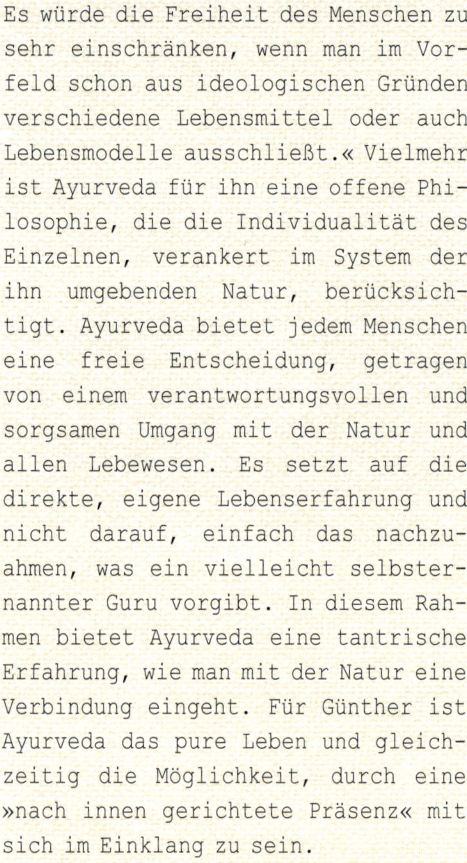

IM AYURVEDA GEHT ES NICHT UM EINE IDEE ODER EINE IDEOLOGIE.

füllten auch Tees und Gewürze ab und mischten Ayurveda-Shampoos in einer Regentonne zusammen.
Das heimische Badezimmer wurde dann aber schnell zu klein. 2002 zog er nach Hamburg um, da er mittlerweile auch Ware in größerem Stil importierte. Schließlich siedelte er 2004 nach Berlin um und verlegte seine Produktion nach Brandenburg. Aus dem kleinen Start-up ist mittlerweile ein Unternehmen mit 125 Mitarbeitern, davon 90 auf Sri Lanka, eigenen Plantagen und einer Stiftung geworden. Das Witzige ist, dass man Günther, wenn man ihn das erste Mal in seiner entspannten, bayerischen Art trifft, auch gut abnehmen würde, dass er als Bierbrauer arbeitet.

Aber das ist ja gerade das Spannende an meiner Tour – wie unterschiedlich all die Menschen sind, die sich mit Ayurveda beschäftigen, und vor allem das, was sie daran so begeistert.
Für Günther macht die Faszination am Ayurveda vor allem die Offenheit aus. Er erzählt mir in unserem Gespräch: »Es gibt so viele Theorien da draußen, und jeder behauptet, seine sei die beste. Für mich ist Ayurveda in diesem Aspekt weiter und weiser. Es würde die Freiheit des Menschen zu sehr einschränken, wenn man im Vorfeld schon aus ideologischen Gründen verschiedene Lebensmittel oder auch Lebensmodelle ausschließt.« Vielmehr ist Ayurveda für ihn eine offene Philosophie, die die Individualität des Einzelnen, verankert im System der ihn umgebenden Natur, berücksichtigt. Ayurveda bietet jedem Menschen eine freie Entscheidung, getragen von einem verantwortungsvollen und sorgsamen Umgang mit der Natur und allen Lebewesen. Es setzt auf die direkte, eigene Lebenserfahrung und nicht darauf, einfach das nachzuahmen, was ein vielleicht selbsternannter Guru vorgibt. In diesem Rahmen bietet Ayurveda eine tantrische Erfahrung, wie man mit der Natur eine Verbindung eingeht. Für Günther ist Ayurveda das pure Leben und gleichzeitig die Möglichkeit, durch eine »nach innen gerichtete Präsenz« mit sich im Einklang zu sein.
Was ich an Günther so schätze, ist, dass er zum einen so schön bayrisch bodenständig daherkommt, aber auf der anderen Seite seine Sätze mit einer Intensität spricht, die wahnsinnig viel spirituelle Verbindung und Liebe zum Ayurveda ausdrückt. Mal ganz abgesehen davon, dass er sensationelle Gewürze produziert, bei denen das Koch-Herz lacht und die Nase flattert vor Freude. Ayurveda ist eben überall …

Passend zu Günthers wunderbaren Gewürzen habe ich im Folgenden ein paar extrem aromatische, ganz klassisch ayurvedische Rezepte zusammengestellt. Da man im Ayurveda nicht zu dem uns bekannten »Frühstücksbrot« am Morgen greift, kann man es ganz nach Gusto halten, wann man sich diese Gerichte schmecken lässt. Wer morgens schon Lust auf das Curry hat, sollte zugreifen, und ein Halva am Abend ist tausendmal besser als ein Salatteller!

SÜß-SCHARFER MUNG DAL

Nahrhaftes Grundnahrungsmittel aus Indien

Für 4 Personen  **Glutenfrei**

2 TL Senfsamen
2 EL Ghee
½ TL Chilipulver
3 Lorbeerblätter
1 EL frischer gehackter Ingwer
250 g Mung Dal (gelbe Mung-Bohnen)
50 g Basmati-Naturreis
500 ml Gemüsebrühe
200 ml Kokosmilch
2 EL Tomatenmark
1 EL Jaggery-Zucker
je 1 Bund Koriander und Petersilie
Salz

1. Die Senfsamen in einem Topf mit Deckel erhitzen, bis sie aufhören zu springen.
2. Dann das Ghee, Chilipulver, Lorbeerblätter und Ingwer dazugeben und alles andünsten, bis der Ingwer glasig wird. Anschließend Dal und Reis dazugeben, gut mischen und mit Gemüsebrühe und Kokosmilch aufgießen; 35 Minuten köcheln lassen.
3. Zum Schluss Tomatenmark und Jaggery-Zucker untermischen und mit Salz abschmecken. Koriander und Petersilie waschen, hacken und unterrühren. In Schüsseln servieren und nach Wunsch mit etwas von den frischen Kräutern garnieren.

FOODCHECK KORIANDER:

★ Der Koriander ist quasi die Petersilie der ayurvedischen Küche. Viele Leute mögen ihn gar nicht, da sie finden, dass er ein bisschen seifig schmeckt. Ich bin da nicht so empfindlich, kann es aber durchaus nachvollziehen.

★ Das grüne Kraut ist auch einer der Klassiker in der asiatischen Küche, er wirkt leicht erwärmend und fördert angenehm die Verdauung.

BLUMENKOHL-MINZE-ERBSEN-CURRY

Die Minze kickt den Kohl

Für 4 Personen  Vegan • Glutenfrei

- 1 Kopf Blumenkohl
- 2 Schalotten
- 5 EL geröstetes Sesamöl
- 2 TL Senfsamen
- 2 TL Kreuzkümmelsamen
- ½ TL Amchur (Mangopulver)
- 2 TL Currypulver
- 1 TL Garam Masala
- 1 TL Salz
- 500 g Erbsen, frisch oder TK
- 20 frische Minzblättchen

1. Den Blumenkohl in Röschen teilen, waschen und 10 Minuten dampfgaren.
2. Die Schalotten schälen und in feine Würfel schneiden. Das Sesamöl in einer Pfanne erhitzen und die Senfsamen dazugeben. Sobald sie anfangen zu springen, Schalottenwürfel, die restlichen Gewürze, Blumenkohlröschen und Erbsen dazugeben. Alles gut mischen, abgedeckt 5 bis 10 Minuten ziehen lassen und nochmals mit Salz abschmecken. Zum Schluss die Minze hacken und über das Curry streuen.

FOODCHECK GARAM MASALA:

★ Der Name Garam Masala bedeutet so viel wie »heißes Gewürz«. Wie der Name schon sagt, ist es eine Mischung aus wärmenden Gewürzen wie Kardamom, Zimt, Gewürznelken, schwarzem Pfeffer und Kreuzkümmel. Im Prinzip kann man aber auch seine eigene Mischung herstellen: Die gewünschten Gewürze in einer Pfanne ohne Fett etwa 2 Minuten anrösten und anschließend in einem Mörser zerstoßen. In einer luftdichten Box aufbewahrt, hält sich Garam locker mehrere Monate. Ich empfehle, lieber kleinere Mengen auf einmal herzustellen und dafür etwas häufiger. Dann ist das Aroma intensiver.

GEBACKENER POLENTA-PUDDING MIT GEWÜRZAPRIKOSEN

Auch lecker zum Frühstück

Für 4 Personen  Glutenfrei

FÜR DEN PUDDING

600 ml Milch
Abrieb von 1 unbehandelten Orange
2 EL Jaggery-Zucker
1 Prise Salz
1 TL Amchur (Mangopulver)
80 g feiner Polentagrieß
2 EL Kokosflocken
Fett für die Form
1 Auflaufform
(etwa 35 x 20 x 7,5 cm)

FÜR DIE GEWÜRZAPRIKOSEN

1 EL Ghee
1 TL Chaat Fruit Masala (oder 1 TL Zimt und 1 Prise Chili)
250 g entsteinte Aprikosen
150 ml Apfelsaft

1. Den Backofen auf 180 °C vorheizen. Die Milch in einem Topf zum Kochen bringen, dann den Topf vom Herd ziehen, Orangenabrieb, Jaggery-Zucker, Salz und Amchur dazugeben und unter ständigem Rühren den Polentagrieß einrieseln lassen. Die Masse in eine gefettete Auflaufform füllen, mit Kokosflocken bestreuen und 30 Minuten goldbraun backen.
2. Für die Gewürzaprikosen das Ghee in einer Pfanne erhitzen, das Gewürz und kurz danach die Aprikosen dazugeben und alles gut vermischen. Den Apfelsaft angießen und 15 Minuten offen einköcheln lassen.
3. Den gebackenen Pudding auf Tellern anrichten und mit den Gewürzaprikosen servieren.

FOODCHECK APRIKOSE:

★ Die Farbe der Aprikose verrät schon ihren hohen Beta-Karotin-Gehalt. Deshalb ist sie, abgesehen von ihrem köstlichen Geschmack, ein gutes Mittel, um Herzkrankheiten vorzubeugen. Lange Zeit galten die Kerne als vermeintliches Wundermittel gegen Krebs. Moderne Studien konnten allerdings keinen Effekt feststellen bis auf die Tatsache, dass die Patienten Anzeichen einer Zyanidvergiftung zeigten. Ein schönes Beispiel, dass man bei aller Wertschätzung der Naturheilkunde auch hier nicht immer alles blind glauben sollte.

KAROTTEN-HALVA

Eine klassische Süßspeise auf Karottenbasis

Für 4 Personen  Glutenfrei

700 g Karotten
3 EL Ghee
2 TL frischer gehackter Ingwer
1 TL Milk Rice Masala von Cosmoveda
(oder: 2 Zimstangen und ½ Kapsel gemahlener Kardamom)
700 ml Milch
1 Prise Salz
60 g Jaggery-Zucker
50 g gehackte, ungesalzene Pistazien
50 g gehackte Mandeln
60 g Rosinen

1. Die Karotten schälen und grob reiben.
2. Das Ghee in einem Topf erhitzen, Ingwer, geriebene Karotten, Milk Rice Masala oder die anderen Gewürze dazugeben und 5 Minuten glasig dünsten. Milch, Salz und Jaggery-Zucker dazugeben, einmal kurz aufkochen lassen, die Hitze reduzieren und unter gelegentlichem Rühren 30 Minuten abgedeckt köcheln lassen. 5 Minuten vor Ende der Garzeit Pistazien, Mandeln und Rosinen unterrühren.

KREATIV IN MITTE

Mein Ritual in Berlin

Wenn ich schon mal in der Stadt bin, will ich gleich eine alte Tradition aufrechterhalten, nach der ich jedes meiner bisherigen Bücher zum Teil in einem Café in Berlin-Mitte geschrieben habe. Ich treffe mich also frühmorgens mit meiner Co-Autorin Julia, die mit mir an diesem Buch von Berlin aus arbeitet, zu einem kleinen Frühstück im Café. Ist ja schon cool, wenn man sich beim gemeinsamen Schreiben gegenübersitzen kann und nicht nur mit E-Mail und Telefon arbeiten muss. Aber in der heutigen Zeit ist ja auch das kein Problem. Mit unserem Mango-Lassi und einem Ziegenkäse-Ciabatta setzen wir uns also zwischen all die Leute, die dort ihr privates, kleines Büro aufschlagen. Sie sitzen dort an ihren Laptops und hämmern in die Tasten, was das Zeug hält. Wahrscheinlich ist das auch so eine Großstadterscheinung. Als Freiberufler hat man nicht unbedingt immer Lust, alleine zu Hause in der Bude zu hocken und zu warten, bis einem die Decke auf den Kopf fällt. Man geht lieber raus unter Leute. Das ist gerade unter kreativen Köpfen nicht dumm, denn so kann man sich gleich ein bisschen Inspiration in der Umgebung holen. Genau das haben wir auch gemacht und uns als kleines »Brainfood« für zwischendurch nach all der Schreiberei einen echt leckeren Carrot Cake gegönnt. Da der Kuchen auch einer von Julias Favourites ist, hat sie mich gleich noch nach einem Rezept dazu gefragt. Hier ist es:

MANGO-LASSI

750 ml Naturjoghurt
750 ml stilles Wasser
1 reife Mango, klein geschnitten
3 EL Honig
1 Prise Salz
1 TL Zimt
½ TL gemahlener Koriander

Alle Zutaten 15 Sekunden in einem hohen Gefäß pürieren.

CARROT CAKE

Brainfood für gute Ideen

Für 12 Stück

FÜR DEN KUCHEN

80 g geschälte Mandeln
400 g Karotten
250 ml Pflanzenöl
200 g Rohrzucker
4 Eier
1 Msp. Salz
250 g Dinkelmehl
1 TL Natron
1 TL Zimt
½ TL Muskatnuss
Fett für die Form
Springfom
(22–25 cm Durchmesser)

FÜR DIE CREME

300 g Frischkäse (Doppelrahmstufe)
60 g weiche Butter
1 EL Honig
Abrieb von 1 unbehandelten Zitrone
1 Karotte
½ TL Zimt

1. Für den Kuchen den Backofen auf 175 °C vorheizen. Die Mandeln in einer Pfanne ohne Fett anrösten und anschließend fein hacken. Die Karotten schälen und fein raspeln. Dann Pflanzenöl, Zucker, Eier und Salz schaumig rühren. Mehl, Natron, Zimt und Muskatnuss mischen und in eine Schüssel sieben. Im Anschluss erst die Mehlmischung, dann Karottenraspel und gehackte Mandeln zur Ölmischung geben und vorsichtig zu einem Teig vermengen.
2. Diesen in eine gefettete, runde Springform füllen und glatt streichen. 50 Minuten im vorgeheizten Ofen backen und auskühlen lassen.
3. In der Zwischenzeit für die Creme Frischkäse, Butter, Honig und Zitronenabrieb mit Hilfe eines Handrührgerätes glatt rühren und für 30 Minuten kalt stellen.
4. Sobald der Kuchen komplett ausgekühlt ist, mit der Masse bestreichen und nochmals 1 Stunde kalt stellen.
5. Die Karotte schälen und reiben, aufstreuen und mit Zimt bestäuben.

Ayurveda – Mitmachen ist alles

Die älteste Medizin der Welt

Durch das Schreiben an diesem Buch ist Julia noch ein bisschen tiefer in das Thema Ayurveda eingetaucht und interessiert sich für viele Aspekte genauer. Wir bleiben also noch ein Weilchen sitzen und sprechen über die Heilkunst der indischen Philosophie:

J: Vieles, was ich bisher über Ayurveda gelesen und von dir gehört habe, dreht sich ja um die Ernährung und wie man sie nutzen kann, um sich gut zu fühlen und etwas für seine Gesundheit zu tun. Worin siehst du denn den Unterschied zur klassischen Schulmedizin?

V: Der Ansatz zur Erklärung liegt in der Ernährungslehre. Man schaut im Ayurveda zum Beispiel nicht unbedingt auf die Ebene der Nährstoffe. Das ist für viele Leute zu abstrakt und zu mühsam. Ayurveda legt den Fokus auf die »Eigenschaften« von Lebensmitteln, zum Beispiel sauer oder schleimbildend, erhitzend oder kühlend … Darunter kann man sich einfach mehr vorstellen. Und das Witzige ist ja, dass viele Leute, die über Probleme wie zum Beispiel Asthma oder einen Reizdarm klagen, schnell merken, welche Lebensmittel ihnen guttun und ihre Probleme verbessern können. Sinnigerweise sind das dann immer die Lebensmittel, die man ihnen auch nach der ayurvedischen Ernährungslehre verordnen würde. Auch das alte Konzept vom »Verdauungsfeuer« ist für die Leute einfach nachzuvollziehen. So können sie schnell selbst lernen, welche Kochmethoden geeignet sind oder welche Lebensmittel zum Beispiel bei zu viel Wind – *Vata* – noch mehr austrocknen.

J: Kannst du das mit dem Verdauungsfeuer noch mal etwas genauer erklären?

V: In der Ayurveda-Lehre gibt es im Menschen das Verdauungsfeuer, das sogenannte *Agni*. Das kann mal mehr und mal weniger gut brennen. Also ist unsere Verdauung angefacht oder eher eingeschränkt. Es gibt drei Grundprinzipien bei der Ernährung, die gut für *Agni* sind: warm, regelmäßig und leicht verdaulich. Da kann man die ganze Geschichte mit den Typen, also *Vata*, *Kapha* und *Pitta*, erst einmal außen vor lassen. Denn wie man am besten auf sein *Agni* achten kann, ist für alle Typen gleich.

J: Aber wie merken denn nun die Leute konkret, dass die ayurvedische Ernährung gut für sie ist?

V: Das ist je nach persönlicher, gesundheitlicher Konstitution unterschiedlich. Es kann zum Beispiel sein, dass jemand, der einen vermeintlich hartnäckigen Hautausschlag hat und sich *Agni* entlastend ernährt, innerhalb weniger Wochen eine schnelle Besserung spürt. Denn der Körper kann sich gut selbst regulieren. Bei Menschen ohne augenscheinliche gesundheitliche Probleme ist der Leidensdruck ja erst mal nicht so hoch, aber sie merken einfach an ihrem Wachheitsgrad, ihrer Energie und ihrer Antriebskraft, wie gut es ihnen geht. Sie schlafen besser und haben eine bessere Verdauung. Dazu kommt auch ein positives emotionales Gefühl. Viele wissen gar nicht, wie sich ein vollkommen »freier« Bauch anfühlt.

J: Aber wenn ich so schnell echte Verbesserungen für mich und mein Lebensgefühl erreichen kann, stelle ich mir – genau wie du – die Frage, warum das unfassbare Potenzial von Ayurveda noch nicht zu viel mehr Leuten durchgedrungen ist.

V: Darum geht es mir ja die ganze Zeit. Ich kann mir das unter anderem auch so erklären: Man muss schon selbst mithelfen, dass etwas passiert. Konkret gesagt: Keiner sagt dir, dass du einfach eine Pille schlucken oder einen Smoothie trinken musst, und dann ist alles gut. Du musst aktiv mitmachen. So kannst du je nach persönlichem Einsatz, Willen und Kapazitäten eine Verbesserung von 10 Prozent oder 80 Prozent erreichen. Das heißt, man kann auch erst mal im Kleinen anfangen und darauf achten, dass man sein *Agni* nicht mit einem dicken, nassen Holzscheit in Form eines Käsebrotes am Abend, wenn das Verdauungsfeuer nur noch schwach lodert, belastet. Die andere Sache ist natürlich auch, dass nicht so viel Zeit und Ressourcen zur Verfügung stehen, das Thema Ayurveda in die Welt hinauszutragen.

J: Was ich mich auch immer frage: Viele meiner Freunde leiden unter Problemen wie Glutenunverträglichkeit oder Laktoseintoleranz. Das kommt mir schon fast wie ein Trend vor. Was sagt Ayurveda dazu?

V: Über dieses Thema habe ich auch schon viel mit Medizinern und Heil-

praktikern geredet. Ihrer Meinung nach ist nur ein Bruchteil der Leute, die mit einer der beiden Diagnosen zu ihnen kommen, wirklich daran erkrankt. Es ist vielmehr das Gesamtbild, die Ernährung ist im Allgemeinen zu schwer für ihre Verdauung. Vielleicht ist es dann nicht nur die Laktose im Speziellen, die Probleme macht. Aus Sicht des Ayurveda gibt es gar keine »Allergie« im klassischen Sinne.

VIELE LEUTE HABEN MITTLERWEILE REGELRECHT ANGST VOR DEM ESSEN, ÜBERALL KÖNNTEN BÖSE MOLEKÜLE LAUERN.

Wenn man die langsam heranführt und ihnen beibringt, wie sie ihr Verdauungsfeuer kräftigen können, indem sie sich vorstellen, Lebensmittel zu sich zu nehmen, die zuerst wie ein kleines Stück Papier wirken, dann wie ein Stück Pappe, kann man zum Schluss vielleicht sogar mal ein nasses Stück Holz auflegen, ohne dass der Körper groß Schaden nimmt. Womit wir wieder beim Käsebrot wären. Und übrigens: Aus ayurvedischer Sicht ist es empfehlenswert, täglich ein- bis zweimal zur Toilette zu gehen. Am besten gleich morgens. Fällt das am Anfang nicht leicht, zwei oder drei Gläser warmes Wasser trinken, dann klappt's.

HIER KOMMT EINE KLEINE KUR, MIT DER MAN SEIN AGNI STÄRKEN KANN:

Nimm dir ein Wochenende – also am besten von Freitag bis Sonntag – Zeit für diese kurze Entlastungskur. Ganz wichtig, während dieser drei Tage sollte man möglichst wenig um die Ohren haben, um wirklich entspannen und Verdauung und Geist zur Ruhe kommen zu lassen. Ich empfehle dir folgenden Ablauf:

DAS MORGEN-RITUAL IST IMMER GLEICH:

1. Nach dem Aufstehen 1 bis 2 Tassen warmes Wasser trinken. Also als Erstes den Wasserkocher anstellen, bei aktuellen Modellen kann man sogar die Temperatur einstellen, optimal sind 70°C.
2. Anschließend 10 bis 15 Minuten Meditation einplanen, das heißt: Übe einfach mal entspanntes »In-die-Lufst-Starren«. Das kann auf dem Sofa sein, auf dem Balkon, überall dort, wo du dich wohl fühlst und deine Ruhe hast. Wichtig dabei: Schaff dir eine schöne Atmosphäre, zünde eine Kerze oder Duftlampe an, höre dabei aber bitte keine Musik! Es sollte Stille herrschen.
3. Mach danach einen mindestens 30-minütigen Spaziergang an der frischen Luft.
4. Verzichte ansonsten auf das »klassische« Frühstück.

ZUM MITTAGESSEN, DAS AUCH SCHON AB 10 UHR STARTEN KANN:

1. Suche dir eine der folgenden Dal-Varianten oder das Risi Bisi aus.
2. Esse mit Ruhe und ohne Ablenkung. Fülle dein Essen in eine kleine Schale und iss so lange, bis du entspannt und satt bist.
3. Nach dem Essen stehen wieder 30 Minuten an der frischen Luft auf dem Programm.
4. Ganz wichtig: Wenn du zwischendurch ein echtes Hungergefühl verspürst, iss gerne und guten Gewissens noch eine Schale Dal oder etwas süßes Obst wie Birnen, Datteln oder Feigen.

AB DEM ABENDESSEN STEHT AUF DEM PLAN:

1. Bereite dir das dampfgegarte Gemüse mit Pesto zu (S. 164). Beim Gemüse darfst du gerne variieren.
2. Iss, wenn möglich, nicht wesentlich später als 19 Uhr.
3. Nach dem Essen wieder eine kleine Runde an der frischen Luft drehen.
4. Iss gegen 21 Uhr 1 bis 2 Datteln und meditiere danach entspannt 10 bis 15 Minuten.
5. Optimal wäre, gegen 22 Uhr ins Bett zu gehen und mindestens 1 Stunde zuvor den Fernseher auszuschalten und auf aufwühlende Literatur zu verzichten.

Allgemein gilt: Meide Alkohol, Nikotin und anstrengenden Sport in der Zeit.

Das Allerwichtigste kommt zum Schluss: Locker bleiben! Ayurveda hat nichts mit Quälerei, Selbstkasteiung und genussfernem Diät-Wahnsinn zu tun! Pfeife ein Lied, lasse es dir richtig gutgehen und genieße das Leben!

Bevor's losgeht, kurz noch eine Info zu den Rezepten: Die meisten Gerichte, die man im Rahmen einer Kur zu sich nimmt, sind allesamt tendenziell suppig und breiig. Denn gerade während einer Therapie sollte man den Stoffwechsel möglichst wenig belasten. Diese Gerichte werden auch wesentlich milder gewürzt und sparsamer gesalzen.

KLASSISCHER DAL

Ayurveda für Einsteiger

Für 4 Personen  Glutenfrei

- 2 TL Kreuzkümmelsamen
- 2 TL Fenchelsamen
- 3 EL Ghee
- 250 g Mung Dal (gelbe Mung-Bohnen)
- 1/4 TL Asafoetida
- 2 EL Kokosflocken
- 4 Lorbeerblätter
- 1 TL gemahlener Kurkuma
- 1 EL frischer gehackter Ingwer
- 1 l Gemüsebrühe
- 1 kleines Bund frischer Koriander

1. Kreuzkümmel- und Fenchelsamen in einem Mörser zerstoßen. Das Ghee in einem Topf erhitzen, Bohnen, Asafoetida, Kokosflocken und alle weiteren Gewürze sowie den Ingwer dazugeben und glasig andünsten.
2. Mit der Gemüsebrühe aufgießen und abgedeckt 35 Minuten sämig einkochen. Zum Schluss den Koriander hacken und über den Dal geben.

FOODCHECK LORBEER:

★ Dank seiner ätherischen Öle verleiht Lorbeer nicht nur diversen Gerichten ein angenehm mediterranes Flair, er ist auch Teil einer tragischen Love Story. Die Nymphe Daphne verwandelte sich als Schutz vor dem Dauer-Macho Apoll in einen Lorbeerstrauch. Aus Kummer durch seine nicht erwiderten Gefühle trug er fortan einen Kranz aus Lorbeer. Typisch Mann, erst drängeln und dann noch schmollen …

KAROTTEN-LINSEN-DAL

Nahrhaft & magenfreundlich

Für 4 Personen  Glutenfrei

300 g Karotten
200 g rote Linsen
2 EL Ghee
1 TL Anissamen
1 TL Fenchelsamen
2 TL frischer gehackter Ingwer
1/4 TL Asafoetida
1 EL Currypulver
1 l Gemüsebrühe

1. Die Karotten schälen und grob raspeln. Die Linsen mehrfach waschen.
2. Das Ghee in einem Topf erhitzen. Anis- und Fenchelsamen in einem Mörser grob zerstoßen. Dann Ingwer, Asafoetida, Currypulver, Karotten, Linsen, Anis- und Fenchelsamen dazugeben und 3 Minuten glasig andünsten. Die Gemüsebrühe angießen und 20 Minuten abgedeckt köcheln lassen.

FOODCHECK

★ Für meine Gemüsebrühe verwende ich meistens die Schnibbelreste aus meinen Kursen für einen Ansatz. Das kann wie folgt aussehen:

3 rote Zwiebeln
3 Bund Suppengrün (Sellerie, Karotten, Lauch, Blumenkohl etc.)
5 EL Olivenöl
5 l Wasser
10 Lorbeerblätter
6 Nelken
1 EL Koriandersamen
1 EL Senfsamen
1 EL Pfefferkörner
2 Bund Petersilie
3 EL Salz

Die Zwiebeln schälen und klein schneiden, das Gemüse waschen, putzen und ebenfalls klein schneiden – wenn man nicht bereits geschnittene Reste verwendet. Dann in einem Topf im Olivenöl scharf anbraten. Das Wasser angießen und die Gewürze und klein geschnittene Petersilie dazugeben, dann mindestens 1 Stunde köcheln lassen. Zum Schluss mit Salz abschmecken. Als Grundlage für eine schnelle Suppe portionsweise einfrieren.

Risi Bisi

Ein Muss für alle Erbsen-Fans

Für 4 Personen  Glutenfrei

200 g Basmati-Naturreis
1 rote Zwiebel
50 g frischer Rucola
2 EL Ghee
1 TL Rohrzucker
1 TL Kurkuma
150 g Erbsen
(alternativ TK-Ware)
2 EL frisch gehobelter Parmesan
Salz und frisch gemahlener
schwarzer Pfeffer

1. Den Reis in reichlich Salzwasser gut 25 bis 30 Minuten bissfest kochen, dann abseihen.
2. In der Zwischenzeit die Zwiebel schälen und fein würfen, den Rucola waschen und grob hacken.
3. Das Ghee in einer Pfanne erhitzen, Zwiebelwürfel, Rohrzucker, Kurkuma sowie Erbsen dazugeben und alles 5 Minuten glasig andünsten.
4. Dann den heißen Reis dazugeben, gut vermischen und den Rucola unterheben. Zum Schluss mit Parmesan bestreuen und mit Salz sowie Pfeffer abschmecken.

FOODCHECK ERBSEN:

★ Ich bin ein großer Fan von Erbsen. Sie schmecken knackig und süß, außerdem werden die grünen Kerlchen schnell gar. Sie sind reich an Ballaststoffen und Mineralien wie Kalium und Eisen. Sie liefern jede Menge pflanzliches Eiweiß, und ihr Vitamin-C-Gehalt kann sich auch sehen lassen. Mit einer Ladung Parmesan schmecken sie noch besser!

DAMPFGEGARTES GEMÜSE MIT RUCOLA-KOKOS-PESTO

Das perfekte leichte Abendessen

Für 4 Personen  Vegan • Glutenfrei

FÜR DAS GEMÜSE

2 Fenchelknollen
4 Karotten
1 Staudensellerie

FÜR DAS PESTO

2 EL Kokosflocken
100 g Rucola
100 ml Olivenöl
½ TL Salz
1 TL Honig
Saft von ½ Limette

1. Für das Gemüse zuerst das Fenchelgrün abschneiden (am besten für eine Gemüsebrühe aufbewahren), dann den Fenchel halbieren, den Strunk herausschneiden und den Rest in Streifen schneiden und waschen. Karotten und Sellerie mit Hilfe eines Sparschälers schälen und in etwa 2 cm dicke Streifen schneiden.
2. Etwa 150 ml Wasser in einen Topf füllen, das Gemüse in ein Sieb geben und 10 bis 15 Minuten im heißen Wasser dampfgaren.
3. Für das Pesto die Kokosflocken in einer Pfanne ohne Fett anrösten. Dann mit den restlichen Zutaten in ein hohes Gefäß geben und cremig pürieren.
4. Die gegarten Gemüsestreifen mit dem Pesto servieren.

FOODCHECK SELLERIE:

★ Die alten Römer schwörten nach einem Gelage auf Sellerie. Angeblich sollte er sie vor einem Kater schützen. Bewiesen ist auf jeden Fall, dass er eine gute Quelle für hochwertige Ballaststoffe, Kalium, Calcium und säurefreies Vitamin C ist.

★ Ich mag vor allem den erfrischenden Geschmack von Staudensellerie als Topping für scharfe Thai-Currys.

Viel unterwegs und doch fest verankert im Hier und Jetzt

Das Gespräch mit Julia hat mir wieder mal aufs Neue gezeigt, wie viel Spaß es mir macht, den Leuten das Riesenpotenzial von Ayurveda und seine positiven Effekte auf das eigene Leben und Wohlbefinden schmackhaft zu machen. Ich hoffe sehr, dass es mir – auch mit Projekten wie diesem Buch – gelingt, noch ein paar mehr Menschen zu erreichen.
Jetzt verabschiede ich mich aber schnell, denn ich muss zum Bahnhof flitzen, um die S-Bahn zu erwischen. Ich bin nämlich noch auf ein Glas Wein mit der Schauspielerin Claudia Michelsen verabredet.

Claudia zählt zu den bekanntesten Schauspielerinnen Deutschlands, und deshalb war es bei ihrem Terminkalender reines Glück, dass sie während meines Berlin-Trips Zeit für ein Treffen mit mir hat.
Ich kenne Claudia schon seit 2010 aus meiner Zeit in München. Als Erstes fiel mir damals auf, wie offen und interessiert sie am Thema Ayurveda war und vor allem mit wie viel Bodenhaftung sie unterwegs ist. Sie liebt ihren Job, bildet sich aber sonst nicht so wahnsinnig viel darauf ein. Auch wenn sie schon zweimal unter anderem den Grimme-Preis und die Goldene Kamera als beste Schauspielerin gewonnen hat, kollabiert sie nicht, wenn die Blumen in ihrer Garderobe die falsche Farbe haben. Bei der Gelegenheit fällt mir einer der besten Sprüche meines Opas ein, der immer sagte:

»NUR EINE LEERE DOSE SCHEPPERT IMMER AM MEISTEN.«

Gerade in dieser gebotoxten, oberflächlichen Medienwelt fällt Claudia angenehm auf. Sie ist ganz einfach mehr Feuilleton und weniger Klatschblättchen.

Eines ihrer Herzensprojekte ist ihre Arbeit als Botschafterin für die Arche in ihrer alten Heimat Dresden-Meißen. Das ist ein Projekt, das sich der Kinderarmut in Deutschland annimmt. Die Kinder werden nicht nur mit einem warmen Mittagessen versorgt, sondern es gibt auch viele schulergänzende und spielerische Angebote. Mit am wichtigsten sind aber der Spaß und die Geborgenheit, die die Kinder dort erfahren.

Gerade der Punkt Ernährung für Kinder in Großstädten wie Berlin ist oft ein echtes Drama. Tausende von Kindern gehen morgens ohne ein Frühstück aus dem Haus und bekommen – bis auf das Essen in den Archen – keine warme Mahlzeit in den Bauch. Was in einem der reichsten Länder der Welt einer totalen sozialpolitischen und ethischen Kapitulation gleichkommt.

Deshalb ist es umso wichtiger, dass es Menschen wie Claudia gibt, die ihre Position bewusst nutzen, um sich für andere einzusetzen. Das geht übrigens nicht nur, wenn man eine bekannte Schauspielerin ist.

JEDER VON UNS KANN IN SEINEM UMFELD VIEL BEWEGEN.

Es wäre doch schade, wenn auf immer mehr Leute die Textzeile der *Fantastischen Vier* zuträfe: »Du wirst geboren – blaues Blut, Abitur – nicht so gut. Dank Deinem Titel aber schick gelebt, dick geworden und nix bewegt!«

In diesem Sinne freue ich mich besonders auf das Gespräch mit Claudia:

V: Als Erstes interessiert mich, wie du es schaffst, in deinem turbulenten Leben zur Ruhe zu kommen. Was hilft dir dabei, dich zu entspannen?

C: Meine Töchter natürlich. Zusammen kochen ist auf jeden Fall auch eine Form von Durchatmen. Aber auch Sport ist für mich essenziell. Dafür nehme ich mir, sooft ich kann, die Zeit. Und auch die Wochenenden und Ferien sind streng eingehaltene Auszeiten, in denen keine Telefonate Raum bekommen, sondern alle anderen wichtigen Dinge.

V: Die Schauspielbranche ist zumindest für Außenstehende ein ziemlich oberflächliches Geschäft: Bin ich noch gefragt? Was ist gerade hip? Sitzt meine Frisur? Botox ja oder nein? Wie hältst du das überhaupt aus?

C: Ich setze mich dieser Art von Oberflächlichkeit gar nicht erst aus. Natürlich gehört es dazu, auf sich aufzupassen. Ich rede da nicht nur von Äußerlichkeiten. Letztendlich strahlt man nur von innen. Und der gesunde Umgang mit sich selbst ist dafür wesentlich.

V: Sich in einem Job wie deinem vernünftig zu ernähren, ist bestimmt eine Herausforderung. Wie löst du das für dich?

C: Ja, das ist manchmal schwer. Aber wir haben inzwischen hervorragende Caterings, die sich um die Teams kümmern. Das Bewusstsein für gesunde Ernährung hat sich ungemein verbessert.

V: Wann bist du eigentlich das erste Mal mit dem Thema Ayurveda in Berührung gekommen?

C: Das ist sehr lange her. Vor Jahren ist mir ein Buch über ayurvedische Küche in die Hände gefallen. Das hat mich nicht mehr losgelassen. Und irgendwann bist du mir begegnet, Volker, und ich habe deine großartigen Bücher entdeckt, die mich immer mal wieder im Alltag begleiten.

V: Als Botschafterin der Arche ist die vernünftige Ernährung von Kindern eines deiner großen Anliegen. Wie kam es dazu?

C: Es hat mich einfach schockiert, dass es für die Kinder der Arche erst mal ein Glück ist, dass sie überhaupt eine warme Mahlzeit am Tag bekommen. Viele Kinder haben, wenn sie nachmittags nach der Schule in die Arche gehen, noch nichts im Magen. Ist das nicht ein Irrsinn? Die Kinder an gesunde Ernährung heranzuführen wäre der nächste Schritt.

V: Du bist ja selbst auch Mutter von zwei Mädels. Bist du, was das Essen angeht, entspannt, auch wenn es mal Junk Food sein muss?

C: Ja, bin ich. In dieser Hinsicht kann ich ganz beruhigt sein. Meine Töchter haben schon ein ausgeprägtes Bewusstsein dafür, was ihnen guttut, ihnen Kraft und Energie gibt und was ihnen die Power raubt.

V: Was sollte man deiner Meinung nach tun, damit nicht so viele Kinder gerade in Großstädten wie Berlin ohne vernünftige Ernährung bleiben müssen?

C: Gesunde Snacks und warmes Schulessen sind ein Grundbedürfnis. Genauso wie Schulsport oder musikalische und künstlerische Angebote am Nachmittag. Die Verantwortung der Eltern ist nur selten beeinflussbar, aber die Kinder können wir alle noch abholen und teilweise auffangen. Keiner kann mit leerem Magen lernen.

V: Was ist denn deine persönliche Lebensvision, wo siehst du dich in fünf Jahren und was willst du unbedingt noch realisieren?

C: Es gibt viele Orte und Träume, die noch gesehen und gelebt werden wollen. Aber ich tue mich schwer mit Plänen, meistens kommt es doch eh anders.

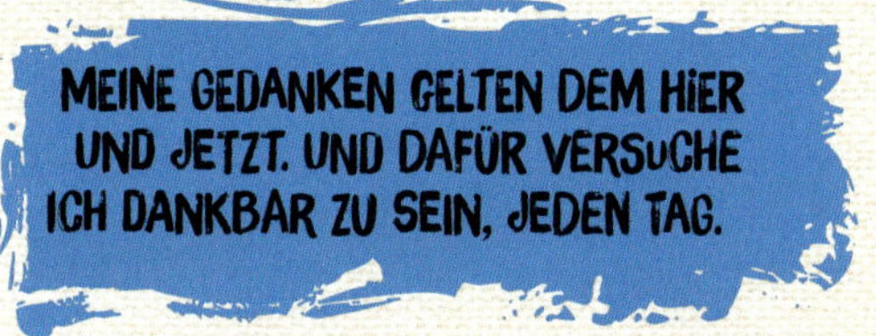

Nicht nur dieser letzte Satz zeigt, dass vieles in Claudias Leben im wahrsten Sinne des Wortes »gelebtes Ayurveda« ist. Abgesehen von der Tatsache, dass sie mit großer Dankbarkeit und kopfmäßig ganz bewusst in der Gegenwart bleibt, sieht sie sich auch als Bestandteil eines großen Ganzen und versucht, ihren Teil dazu beizutragen, dass die Welt an manchen Stellen ein kleines bisschen besser wird.

Da ich Claudia schon ein Weilchen kenne, sind mir natürlich sofort ein paar Rezepte eingefallen, die ihr mit Sicherheit schmecken und gleichzeitig super zu ihrem Leben passen. Ich sage nur: Berlin – kosmopolitisch bodenständig!

SÜß-SCHARFE AUBERGINEN

Grüße an Monsieur Vuong

Für 4 Personen  Vegan • Glutenfrei

2 Auberginen
300 ml Olivenöl
2 TL Salz
4 EL Sesamöl
1 rote gehackte Chilischote
2 EL frischer gehackter Ingwer
3 gehackte Knoblauchzehen
5 EL Sojasauce
3 EL Reisessig
2 EL Reiswein
2 EL Jaggery-Zucker
1 Bund frischer Koriander

1. Die Auberginen waschen und in mundgerechte Stücke schneiden.
2. Das Olivenöl in einer Pfanne kräftig erhitzen und die Auberginen darin kross anbraten, anschließend gut salzen.
3. In einer zweiten Pfanne das Sesamöl erhitzen, Chili, Ingwer und Knoblauch dazugeben und anbraten, dann die Hitze reduzieren und alle weiteren Zutaten, bis auf den Koriander, dazugeben und gut mischen.
4. Die Auberginenstücke aus der Pfanne nehmen und auf Küchenpapier abtropfen lassen. Den Koriander hacken. Die Aubergine auf Tellern verteilen, mit dem Ingwer-Chili-Dressing beträufeln und mit dem Koriander bestreuen.

FOODCHECK ESSIG:

★ Man ist im Ayurveda seit je kein großer Freund von Säure, deshalb also auch nicht von Essig. Mein Tipp: Wenn man auf Essig, wie in diesem Fall den Reisessig, nicht verzichten kann, dann sparsam verwenden und nicht zusammen mit größeren Mengen Zitronensäure und sauren Lebensmitteln wie Tomaten und Schafskäse verzehren. Im Rahmen eines asiatischen Gerichtes hat er – vernünftig dosiert – natürlich traditionell seine Berechtigung.

BROKKOLI IN WÜRZIGER ORANGENSAUCE

Eine sehr spannende Kombi

Für 4 Personen  Vegan • Glutenfrei

700 g Brokkoli
1 Bund Lauchzwiebeln
6 EL Olivenöl
1 EL gehackter Ingwer
Saft und Abrieb von
1 unbehandelten Orange
3 EL Reiswein
3 EL Sojasauce
100 ml Gemüsebrühe
½ TL Amchur (Mangopulver)
1 EL Jaggery-Zucker
Ingwer, in lange dünne Streifen
geschnitten
neutrales Öl zum Anbraten

1. Den Brokkoli fein in Röschen teilen und den Strunk in kleine Würfel schneiden.
2. Lauchzwiebeln waschen und in Ringe schneiden.
3. Das Olivenöl in einer Pfanne erhitzen, Ingwer und Lauchzwiebelringe dazugeben und kräftig anbraten. Dann den Brokkoli, Orangensaft, Reiswein, Sojasauce, Gemüsebrühe, Amchur und Jaggery-Zucker dazugeben, gut mischen und einen Deckel auf die Pfanne setzen. Für 5 bis 8 Minuten garen.
4. In der Zwischenzeit etwas neutrales Öl in einer zweiten Pfanne erhitzen, die Ingwerstreifen hineingeben und kross darin ausbacken.
5. Den Brokkoli in Schalen verteilen und mit Orangenabrieb und krossen Ingwerstreifen bestreuen.

FOODCHECK BROKKOLI:

★ Brokkoli liefert eine riesige Portion Vitamin C – mengenmäßig sogar doppelt so viel wie Blumenkohl. Hat man eine Erkältung, ist Brokkoli damit das absolute Superfood. Aber nicht nur das. In ihm steckt auch eine große Menge an Calcium, was ihn für Veganer oder Menschen mit Laktoseintoleranz zu einer wertvollen Calciumquelle macht. Neben Magnesium, Eisen und Kalium ist er auch reich an Folsäure und Karotin. Ich sag's ja – Superfood.

SCHOKOBROWNIES OHNE ZUSÄTZLICHES FETT

Ein süßer Genuss mit Glamourfaktor, das freut die Kamera am roten Teppich

Für 12 Stücke

80 g entsteinte Datteln
80 g getrocknete Feigen
150 ml Apfelsaft
1 Vanilleschote
3 Eier
200 g Jaggery-Zucker
170 g Mehl
50 g Stärke
1 EL Kakaopulver
3 EL fettarmes Trinkschokoladenpulver
50 g Schokoflakes oder Schokochips
Fett für die Form
Auflaufform (etwa 35 cm x 20 cm x 7,5 cm)

1. Datteln und Feigen hacken, dann zusammen mit dem Apfelsaft in einen Topf geben. Kurz aufkochen, die Hitze reduzieren und 15 Minuten köcheln lassen, danach zu einer sämigen Masse mixen. Den Backofen auf 180 °C vorheizen.
2. Die Vanilleschote fein facken.
3. Die Eier zusammen mit dem Zucker schaumig rühren und die gehackte Vanille dazugeben. Mehl und Stärke daraufsieben, Kakao- und Schokoladenpulver sowie die Schokoflakes dazugeben und zu einem glatten Teig vermengen.
4. Den Teig in eine gefettete Auflaufform geben und 30 Minuten backen.

FOODCHECK SCHOKOLADE:

★ Die positiven Wirkungen der Kakaobohne sind ja schon lange bekannt. Sie enthält weit über 300 verschiedene Inhaltsstoffe, unter anderem große Mengen antioxidativer Stoffe sowie Tryptophan und Dopamin, zwei natürliche Stimmungsaufheller. Nicht ohne Grund hat man in Phasen, in denen man emotional nicht wirklich stabil gebaut ist, mehr Lust auf Schokolade als auf Sauerkrautsaft.

OBSTPFANNKUCHEN THAI-STYLE

Ein simpler Pfannkuchen auf Asiatisch

Für 6–8 Stück

150 g Mehl
2 Eier
1 EL Jaggery-Zucker
1 Prise Salz
300 ml Kokosmilch
2 EL Pflanzenöl
1 Mango
1 Banane
8 Litschis
2 Maracujas
Saft von 1 Limette
1 EL Honig
Pflanzenöl zum Ausbacken
essbare Blüten zum Dekorieren

1. Mehl, Eier, Zucker, Salz, Kokosmilch und Pflanzenöl in ein hohes Gefäß geben, zu einer sämigen Masse pürieren und 20 Minuten ruhen lassen.
2. In der Zwischenzeit die Mango schälen, das Fruchtfleisch vom Kern schneiden und anschließend in Würfel schneiden. Die Banane schälen und in Scheiben schneiden.
3. Die Litschis entkernen und halbieren. Die Maracuja halbieren und das Fruchtfleisch zusammen mit den anderen Früchten in eine Schüssel geben und mit Limettensaft und Honig vermischen.
4. Etwas Öl in einer Pfanne erhitzen, so viel Teig einfüllen, bis der Pfannenboden dünn bedeckt ist, und die Pfannkuchen von jeder Seite goldbraun backen.
5. Die fertigen Pfannkuchen auf Tellern anrichten, etwas von der Obstmischung auf den Pfannkuchen geben und mit den Blüten bestreuen.

FOODCHECK MARACUJA:

★ Ein Hauch von Maracuja versetzt einen gefühlt sofort in die Karibik – Tropenfeeling pur! Die intensive Farbe verrät auch hier einen hohen Beta-Karotin-Gehalt. Achtgeben würde ich nur in Verbindung mit Milch und Milchprodukten. Aufgrund ihres recht hohen Säureanteils sollte man sie besser nicht kombinieren.

Veggie und Ayurveda für die Massen

Der Mann, der täglich bis zu 10 000 Menschen verköstigt

Rolf Hiltl

Wie der Name schon sagt, ist der Kern dieses Buches ja eigentlich meine Deutschlandtour, auf der ich haufenweise interessante Leute treffe, mit denen ich mich über ihr Leben und das Ayurveda darin unterhalte. Wenn ich allerdings im Rahmen eines Kochkurses zufällig im Haus *Hiltl* in Zürich bin, will ich die Gelegenheit nicht verstreichen lassen, mich auf ein Wort mit Rolf Hiltl, dem weltweit erfolgreichsten vegetarischen Gastronomen, zu treffen – die Story seines Restaurants ist nämlich legendär.

Während es in Deutschland selbst in Großstädten größtenteils kaum möglich ist, sich lecker und ausgefallen vegetarisch zu ernähren, bewirtet Rolf zusammen mit dem Hiltl-Team in seinen unterschiedlichen Betrieben täglich bis zu 10 000 Gäste und führt das seit 1898 bestehende Restaurant in vierter Generation äußerst erfolgreich weiter.

Dabei waren die Anfänge alles andere als vielversprechend: Rolfs Urgroßvater, Ambrosius Hiltl, ein Schneidergeselle aus Bayern, landete auf der Suche nach Arbeit in Zürich. Aufgrund seiner Gichterkrankung konnte er zu dieser Zeit kaum noch die Finger bewegen. Ein Zürcher Arzt riet ihm, sich rein vegetarisch zu ernähren. Das war zwar, wie man sich gut vorstellen kann, in der Gesellschaft noch kein Thema, dennoch gab es eine Art »Vorläufer« des heutigen *Hiltl:* Mitglieder der *Monte Verità*-Bewegung – eine Reformbewegung, die sich gegen Industrialisierung, Kapitalismus und Völlerei wandte – betrieben auch ein Restaurant. Das war allerdings kein Genusstempel, schon der Name spricht Bände: Es hieß *Vegetarierheim & Abstinenzcafé,* spöttisch nannte man es »Wurzelbunker«. Die Besucher waren verschrien als Körnerpicker und Grasfresser. Viele betraten das Restaurant durch den Hintereingang, damit sie nicht gesehen wurden.

Urgroßvater Hiltl war das alles ziemlich gleich, denn nach drei Monaten war er vollständig von seinem Leiden geheilt. Abgesehen davon hatte er sich passenderweise in Martha Gneupel, die vegetarische Chefköchin des Restaurants, verliebt. Wahrscheinlich auch deshalb bot man ihm die Übernahme des Restaurants an. Leider war es damals weit entfernt von einer Gelddruckmaschine. Die Geschäfte liefen mäßig, und die Lage in der Nähe eines sumpfigen Bachlaufs (heutige Bahnhofstraße), gegenüber einem Friedhof, tat ihr Übriges. Kein Mensch konnte damals ahnen, dass dieser Ort einmal zu einer der weltweit teuersten Einkaufsstraßen werden würde.

Gott sei Dank war Urgroßvater Hiltl aber verliebt und naiv genug, um sowohl den Laden zu übernehmen als auch das Restaurant samt Grundstück zu kaufen.

Der Rest ist Geschichte, und heute führt Rolf das Unternehmen bereits in vierter Generation. Unter seiner Leitung wurde es zu einem der angesagtesten Restaurants. Das kann man auch an der Tatsache ablesen, dass etwa 85 Prozent der Gäste eigentlich gar keine Vegetarier sind. Sie kommen einfach, weil das Essen so lecker und der Laden so cool ist.

Zu seinem lässigen Restaurant passt auch Rolf selbst: Er ist ein offener, charismatischer Typ, eher aus der Abteilung Surfboard und Flip-Flops. Wobei zu Mittag die Krawattendichte im Hiltl extrem hoch ist. Für Rolf, einen überzeugten Christen, geht das völlig in Ordnung. Er redet nicht nur von Toleranz, er lebt sie auch. Er beschäftigt in seinen Läden über 50 Nationen mit allen möglichen religiösen Hintergründen. Diese von seinem Glauben getragene Weltanschauung ist eine der Hauptleitlinien seines Unternehmens. Alleine im Restaurant beschäftigt er über 250 Mitarbeiter, aber er betreibt nicht nur das Hauptrestaurant Hiltl, sondern darüber hinaus die angeschlossene Kochschule, eine Veggie-Metzgerei, die Pflanzbar in einem Blumenladen, einen Take-away im Jelmoli-Kaufhaus und zwei Betriebe in Zürichs größten Seebädern. Alleine hier gehen an guten Tagen bis zu 7000 Essen und mehrere Tonnen Gemüse über die Theke. Außerdem ist er zusammen mit den Gebrüdern Frei an der Restaurantkette *tibits* beteiligt, die mehrere Läden in der Schweiz und in London betreibt.

Auf meine Frage, warum er denn noch keinen Laden in Deutschland hat, antwortet er schweizerisch diplomatisch, dass er einfach Respekt vor dem deutschen Markt habe. Den hat er auch ganz zu Recht. Ich kann ihm aus eigener Erfahrung sagen, dass wahrscheinlich kein Deutscher in seiner Mittagspause bereit ist, einfach mal so 35 Euro für einen Teller Gemüse und einen Saft auf den Tisch zu legen. Natürlich ist die Einkommenssituation in Zürich auch eine andere … Nichtsdestotrotz würde ich mich sehr freuen, wenn es irgendwann auch mal einen *Hiltl*-Ableger oder ein *tibits* in Deutschland gäbe. Sein Schmunzeln stimmt mich da ganz optimistisch …

HANDLE RESPEKTVOLL UND ACHTSAM

WUPPERTAL

KARLSRUHE

BADEN-BADEN

MÜNCHEN

REISE 5

Mit ein bisschen Wehmut im Gepäck habe ich mich zur letzten und fünften Tour dieses Buches aufgemacht. Wann hat man schon mal die Gelegenheit, so vielen unterschiedlichen und interessanten Leuten gegenüberzusitzen und mit ihnen über das Leben und was es ausmacht zu reden? Ich hoffe, ein Stück davon beibehalten zu können und auch in Zukunft immer mit offenen Augen für Menschen und spannende Begebenheiten durch den Alltag zu gehen. Aber genug der Besinnung! Jetzt geht es los mit meiner Reise durch Süddeutschland, auf der ich erfahre, wie man Babys in Verbundenheit mit der Natur ins Leben hilft, ich einen Coach treffe, der zum Nachdenken anregt, und ich zum Schluss von einem Sternekoch und einem Gastronomen lerne, wie man mit Disziplin und ausreichend Erdung seinen turbulenten Alltag meistert.

»DOULA« MICHAELA

Mit Respekt und Liebe willkommen heißen

Doula – nie gehört? Das geht wahrscheinlich vielen so, und im Vergleich dazu ist der Begriff »Ayurveda« nahezu ein Massenphänomen.

UNTER EINER »DOULA« VERSTEHT MAN IM PRINZIP EINE PERSON, DIE DER GEBÄRENDEN WÄHREND DER GEBURT ALS GANZHEITLICHE UNTERSTÜTZUNG ZUR SEITE STEHT.

Dieses altgriechische Wort leitet sich von »doulalei« ab und bedeutet »Dienerin der Frau«. Schon in den 70er Jahren des letzten Jahrhunderts haben sich Professoren aus den USA mit dem Phänomen *Doula* beschäftigt und wiesen in Studien nach, dass die kontinuierliche Anwesenheit einer Person, die sich der Gebärenden positiv zuwendet, einen großen Einfluss auf die Geburtsdauer und die Häufigkeit der Schmerzmittelgabe hat.

Schon während der Recherchen für eines meiner anderen Bücher musste ich feststellen, welch teilweise zweifelhaftes Verständnis zum Thema Kinderwunsch und Schwangerschaft bei uns in Deutschland herrscht. Durch meine Freundin Leonie, die als alternativ arbeitende Hebamme tätig ist, habe ich einen noch viel tieferen Einblick in den Bereich »Schwangerschaft und Geburt« bekommen und beschloss, mich näher damit zu befassen. Bei dem, was da in der vermeintlich modernen klinischen Geburtshilfe so los ist, kann es einem echt übel werden. Aufgeschlitzt und ins Freie gezerrt – so martialisch kann man im Prinzip beschreiben, was in vielen Kliniken unter moderner Geburtshilfe verstanden wird. Kein Wunder, dass es immer mehr Kinder mit vermeintlichen »Auffälligkeiten« gibt, wenn sie auf diese Art ins Leben kommen. Das ist im Prinzip Thema für ein eigenes Buch.

Schnell musste ich aber auch feststellen, dass es sogar innerhalb der Hebammenszene eine große Fangemeinde der klassischen klinischen Geburtshilfe gibt, und deshalb war es gar nicht so einfach, Frauen zu finden, die aktiv einen anderen Weg gehen möchten. Dann stieß ich aber glücklicherweise auf die Doula Michaela Lübeck und fragte sie, ob ich im Rahmen meiner Deutschlandtour auf einen Besuch bei ihr in Karlsruhe vorbeikommen könnte. Es traf sich super, dass bei ihr gerade an diesem Tag auch noch ein Seminar mit Debra Pascali Bonaro aus den USA, einer der bekanntesten Doulas überhaupt, stattfand. Für Leonie, die mich begleitet hat, war das eine tolle Erfahrung. Für mein Buchprojekt auch.

Als Erstes fällt uns die offene und herzliche Art auf, mit der Michaela und die anderen Frauen auf uns zukommen. Für mich als Außenstehenden ist das Thema Geburt ein gutes Beispiel, wie weit wir uns von unserer eigentlichen Natur entfernt haben und uns dann wundern, dass immer mehr Kinder sprichwörtlich »durchdrehen«. Zum Glück gibt es Frauen wie Michaela, die andere Frauen auf dem Weg zu einer natürlichen Geburt begleiten und unterstützen wollen. Sie ist eine selbstbewusste Person, die mitten im Leben steht und selbst fünf eigene Kinder zur Welt gebracht hat, was in der heutigen Zeit für viele ja fast schon asozial anmutet. Ich persönlich finde es super, dass es noch Frauen gibt, die ihr Leben mit Kindern und für Kinder als Bereicherung sehen und sich nicht als unterdrückte Heimchen am Herd fühlen, wenn sie für ihre Kinder da sind.

ICH HABE BEI DEM TREFFEN VOR ALLEM SELBSTBEWUSSTE FRAUEN KENNENGELERNT, MIT EINEM FÜR MICH SEHR GESUNDEN VERSTÄNDNIS VON FAMILIE UND WEIBLICHKEIT.

Von Ayurveda hat Michaela vor unserem Gespräch auch nicht mehr gewusst als viele andere auch, wobei es gerade für ihre Arbeit extrem spannend sein kann.

Im Ayurveda nimmt das Thema Kinderwunsch, Schwangerschaft und Geburt eine zentrale Rolle ein. Ein neues Leben zu erzeugen, ist das Wertvollste, was zwei Menschen erschaffen können. Nicht ohne Grund gibt es umfangreiche Empfehlungen für Mann und Frau vor einer geplanten Zeugung. Ange-

fangen über Ernährung, Lebensweise, Massagen und Nachsorge. Hier mal zwei kleine Beispiele, wie man im Ayurveda über die schwangere Frau denkt: Das Herz des Kindes beginnt ab der vierten Woche zu schlagen. Ab diesem Zeitpunkt heißt die Frau *Dau Hrida*, was übersetzt so viel heißt wie »die Zweiherzige«. Ab dem vierten Monat ist das Herz voll ausgebildet, deshalb müssen der Schwangeren von da an alle Wünsche erfüllt werden, damit die körperliche und seelische Entwicklung des Kindes nicht gehemmt wird. Zweitens rät man der Frau, sie solle sich nach der Geburt mindestens sechs Monate regenerieren und möglichst nicht arbeiten. Unterstützend werden auch hier eine bestimmte Ernährung sowie Massagen empfohlen, um keine langfristigen, gesundheitlichen Schäden zu riskieren.

Früher hieß das bei uns übrigens mal Wochenbett. Das klingt für moderne Ohren teilweise völlig utopisch. Manch eine Frau muss sofort wieder zurück in den Job, um den Anschluss nicht zu verlieren oder um die Rate für das Haus mit abzubezahlen. Abgesehen davon geht es als moderne, aufgeklärte Frau mal gar nicht, sich ausschließlich um die Kinder zu kümmern. Was ist das denn für ein Frauenbild?

SCHADE, DASS IN UNSERER GESELLSCHAFT EIN BÜROJOB IN DER AUSSENWIRKUNG MEHR ZÄHLT ALS DIE PERSÖNLICHE FÜRSORGE UM DIE KINDER.

Natürlich weiß ich, dass die Zeiten nun mal so sind und viele Frauen unter diesem Spagat leiden. Und genau aus diesem Grund gebe ich zusammen mit Leonie Workshops und Seminare, um die Ideen des Ayurveda mit der heutigen Lebensweise in Einklang zu bringen.

Umso schöner ist es für mich, einen Kreis von Frauen zu erleben, die noch ganz nah dran sind am ursprünglichen Ereignis der Geburt. Ich bin übrigens auch zutiefst davon überzeugt, dass das Thema Geburt eine reine Frauensache ist. Nicht, weil ich der Macho schlechthin bin, der damit nichts zu tun haben möchte. Es ist schlicht und einfach so, dass in der Natur auch nie ein männliches Wesen dabei ist. Entweder zieht sich die werdende Mutter zurück, oder sie ist umgeben von anderen Weibchen.

Passend zum Gespräch mit Michaela und um die ganze Sache etwas anschaulicher zu machen, habe ich einige klassische Empfehlungen aus dem Ayurveda für Schwangere zusammengestellt. Ein alter Spruch lautet: »Zu viel Wind und zu viel Hitze töten

den Keimling.« Grundsätzlich sollte man also während der gesamten Schwangerschaft Lebensmittel meiden, die sauer, scharf und sehr salzig sind, da sie die Hitze fördern. Außerdem sollte man keine größeren Mengen an Salat und Rohkost essen, und vor allem rohe Zwiebeln und Knoblauch meiden, da sie einen echten inneren Tornado auslösen können. Ich stelle mir vor, dass diese Wortwahl im ersten Moment für unsere an Listen und Nährstofftabellen gewohnten Ohren etwas seltsam klingt. Aber gerade das ist ja das Geniale am Ayurveda! Man beschreibt vor allem die Eigenschaften von Lebensmitteln und kann so Nahrungsmittel ganz gezielt einsetzen oder eben auch weglassen.
Es käme ja auch niemand auf die Idee, seine Blumensamen in trockenem Wüstensand auszusäen, sie täglich mit Salzwasser zu gießen und sich dann noch zu wundern, warum sie eingehen. Und für einen menschlichen »Keimling« gilt genau dasselbe …

TIPPS GEGEN ÜBELKEIT IN DER SCHWANGERSCHAFT

Übelkeit und Erbrechen gelten im Ayurveda als ein Zeichen von unverdauten Rückständen *(Ama)* im Körper, die auch für eine verringerte Verdauungskraft verantwortlich sind.

Klassisch werden diese Gegenmaßnahmen empfohlen:
Tagsüber halbstündlich lauwarmes, abgekochtes Wasser trinken.

1. **Bei stärkerer Übelkeit etwas frischen Ingwer dazugeben und Kardamom kauen.**
2. **Auf Sauermilchprodukte verzichten.**
3. **Immer warme und nicht zu scharf gewürzte Gerichte essen.**
4. **Zwischenmahlzeiten wenn möglich vermeiden.**
5. **Bei morgendlicher Übelkeit entweder nur etwas trockenen Reis mit Ghee oder die Magenwohl-Kartoffel (siehe Seite 41) essen.**
6. **Vor dem Schlafengehen eine Tasse Gewürzmilch (siehe Seite 181) trinken und die Füße mit Sesamöl massieren.**
7. **Bei Sodbrennen Kardamom kauen und saure, salzige und scharfe Lebensmittel meiden.**
8. **Klassisch empfohlene Lebensmittel im Allgemeinen sind: Gerste, Hirse, Weizen, Dinkel, Reis, Mung Dal (gelbe Mung-Bohnen), Linsen, Fisch, Geflügel, heiße Milch, Joghurt, Buttermilch, Butter, Ghee, Frischkäse, grünes Gemüse und Kürbis.**

Wie schon an anderer Stelle erwähnt, sollte man während der Schwangerschaft ganz besonders darauf achten, was man als Frau zu sich nimmt. Das ist zwar kein Geheimnis mehr, aber nach ayurvedischen Grundsätzen gibt es eben noch ein bisschen mehr, das man beachten kann, um sich nicht nur gesund, sondern auch besonders »schonend« für das Leben, das in einem heranwächst, zu ernähren.

MELONEN-RUCOLA-SALAT MIT ZIEGENFETA UND SESAMDRESSING

Erfrischend für heiße Tage

Für 4 Personen  Glutenfrei

1 kg Wassermelonenfruchtfleisch (möglichst ohne Kerne)
100 g Rucola
150 g Ziegenfeta
100 ml Olivenöl
1 TL Amchur
1 TL Honig
1 EL Tahin (Sesampaste)
½ TL Salz
1 TL zerstoßene rosa Pfefferbeeren
50 g geröstete Cashewkerne

1. Das Wassermelonenfruchtfleisch in mundgerechte Stücke schneiden. Den Rucola waschen und trockentupfen. Den Ziegenfeta zerbröckeln.
2. Dann Olivenöl, Amchur, Honig, Tahin, Salz und rosa Pfefferbeeren glatt rühren.
3. Die Melonenstücke auf Tellern anrichten, den Rucola darauf verteilen und mit dem Dressing beträufeln. Zum Schluss mit den Cashews bestreuen.

FOODCHECK TAHIN:

★ Tahin ist eine Sesampaste, die vor allem in der arabischen Küche verwendet wird. Ich mag die Creme, da Dressings und Aufstriche durch sie eine wunderbar sämige Konsistenz bekommen. Wie bei allen Pasten aus Nüssen und Samen gilt auch in diesem Fall: Wohl dosiert verwenden, da sie reichlich Fett enthält.

LEINSAMEN-FENCHEL-FOCACCIA

Fenchel vertreibt die Winde

Für 4 Personen  Vegan

3 Karotten
5 EL Olivenöl
¼ Würfel Frischhefe
250 ml lauwarmes Wasser
1 TL Rohrzucker
50 ml Olivenöl
650 g Weizenmehl
3 EL Fenchelsamen
70 g Leinsamen
1 TL Salz

1. Die Karotten schälen, grob raspeln und mit 2 EL Olivenöl glasig andünsten.
2. Hefe, Wasser, Rohrzucker und 50 ml Öl schaumig aufschlagen. Das Mehl daraufsieben, alle weiteren Zutaten dazugeben, zu einem geschmeidigen Teig verkneten und 1 Stunde gehen lassen.
3. In der Zwischenzeit den Backofen auf 180 °C vorheizen. Den Teig nochmals durchkneten, ausrollen und auf ein Backblech legen. Mit den 3 EL Öl beträufeln und etwa 30 Minuten backen.

FOODCHECK LEINSAMEN:

★ Leinsamen stehen noch gar nicht allzu lange auf unserem Speisezettel. Früher wurden sie vor allem zur Farbherstellung und als Tierfutter genutzt. Mittlerweile hat man aber festgestellt, dass die kleinen Samen mächtig viel Power haben. Vor allem einer der Inhaltsstoffe, die Lignane, hat es in sich. Leinsamen enthält 75-mal mehr davon als andere Lebensmittel. Lignane sind hochwirksame Antioxidantien und schützen die Zellen vor freien Radikalen.

KLASSISCHE GEWÜRZMILCH

Stärkt, entspannt & beruhigt

Für 4 Gläser  Glutenfrei

1 l Vollmilch
2 Scheiben frischer Ingwer
1 TL gemahlener Kardamom
1 TL Kurkuma
2 Zimtstangen
1 Prise Muskat
8 Safranfäden
1 TL Jaggery-Zucker

Die Milch in einen Topf geben und aufkochen, dann die Hitze reduzieren, die Gewürze einrühren und 30 Minuten ziehen lassen, mit Jaggery-Zucker süßen und noch lauwarm trinken.

FOODCHECK SAFRAN:

★ Safran ist die »Königin« unter den Gewürzen, mit einem einmaligen Aroma. Die bekannten »Safranfäden« sind die Blütenstempel einer Krokusart. Safran zählt zu den klassischen Aphrodisiaka aus dem Ayurveda. Die Bestandteile von Blüten gelten oft als positiv wirksam in Bezug auf die Sexualität. Daneben wirkt er ausgleichend für alle drei *Doshas.* Achtung: Echter Safran färbt immer intensiv gelb. Da er recht empfindlich auf Hitze reagiert, sollte Safran immer erst zum Ende der Garzeit dazugegeben werden.

Für 4 Gläser  Glutenfrei

GEWÜRZ-LASSI

500 g Joghurt
1 l zimmerwarmes stilles Wasser
½ TL gemahlener Kardamom
½ gemahlener Kreuzkümmel
2 EL Honig
1 Prise Salz

Alle Zutaten in ein hohes Gefäß geben und zu einer sämigen Masse pürieren.

FOODCHECK KREUZKÜMMEL:

★ Kreuzkümmel ist ein Spalter – entweder man liebt oder man hasst ihn. Zusammen mit Koriander gehört er zu den großen Klassikern im Ayurveda. Da er sehr verdauungsfördernd und entblähend wirkt, sollte er zum Standardrepertoire in allen Gerichten mit Linsen oder sonstigen Hülsenfrüchten gehören. Bei Magenkrämpfen wirkt er, zusammen mit ein paar Anissamen, schnell entkrampfend.

FOODCHECK ANIS:

★ Anis ist mir – ähnlich wie Fenchel – erst im Laufe der Zeit ans Herz gewachsen. Früher konnte ich ihn gar nicht leiden, aber mittlerweile schätze ich ihn für sein intensives Aroma. Vor allem beim Fladenbrotbacken gebe ich gerne etwas Anis in den Teig, vor allem wenn Hefe im Rezept enthalten ist. Denn dadurch wirkt der Teig nicht mehr so blähend und austrocknend.

SOFORTHILFE BEI BLÄHUNGEN

1 TL Fenchelsamen
1 TL Anissamen
½ TL Kreuzkümmel
1 TL frischer Ingwer
1 Prise Salz
1 TL Honig

Die Gewürze in einem Mörser zerstoßen, Salz und Honig dazugeben und gut vermischen.

VEIT LINDAU

der sympathische Verführer

Nach einem netten Abend mit Leonie und den Doulas setze ich mich am nächsten Morgen ins Auto und fahre die etwa 40 Kilometer nach Baden-Baden, wo ich zum Frühstück mit Veit Lindau verabredet bin, einem Speaker und Coach, der sich mit großer Authentizität mit den unterschiedlichen Aspekten der Selbstverwirklichung des Menschen beschäftigt.

Bis zu unserem Treffen kannte ich Veit eigentlich nur von einigen Telefongesprächen. Er ist mir hauptsächlich erst mal durch seine Bücher mit den schönen Titeln wie *Heirate dich selbst*, *Liebe radikal* oder *Seelengevögelt* aufgefallen. Das klang für mich nach einem Typen ganz auf meiner Wellenlänge, was sich in unserem Gespräch durchaus bestätigt hat.

GLEICH ZU BEGINN FÄLLT MIR ANGENEHM AN VEIT AUF, DASS ER BEI ALLER SPIRITUALITÄT EIN EXTREM RELAXTER TYP IST.

Zu unserem Gespräch kommt er gerade aus der Dusche, und mit seinem aktuellen Look sieht er ein bisschen aus wie Jesus, der gerade beim Surfen war. Auf jeden Fall kann er einem ordentlich die Hand geben und schaut einem dabei direkt in die Augen. Ich kann Leute nicht leiden, die mir einen feuchten Waschlappen hinhalten und dann noch an mir vorbeigucken. Der erste Eindruck ist also schon mal sehr positiv, und es geht so weiter. Wir setzen uns an den gut gedeckten Frühstückstisch und starten mit unserem Gespräch.

Veit ist seit über 20 Jahren als Redner und Coach unterwegs. Wobei er selbst den Begriff »Coach« gar nicht mag. Er begreift sich mehr als ein ganzheitlicher Reformer. Aber egal, wie man seinen Beruf bezeichnet, mich interessiert vielmehr, wie er dazu kam. Ursprünglich hatte Veit mit einem Medizinstudium begonnen, aber sehr schnell gemerkt, dass ihn die Verbindung von Gesundheit und Glück des Menschen und vor allem das Wirken des Geistes viel mehr interessieren als Krankheit und Leid. Man kann ihn getrost als klassischen autodidaktischen Quereinsteiger bezeichnen, der seine eigenen Probleme schon immer konsequent angegangen ist. Und wenn er eine Lösung gefunden hatte, diese einfach weitergab.

So kam es, dass immer mehr Menschen von seinen Erfahrungen und seinem intuitiven Wissen erfahren wollten. Mit Spiritualität beschäftigte er sich erst als Erwachsener, denn Veit kommt aus der ehemaligen DDR – aus Görlitz – und ist komplett atheistisch aufgewachsen. Das hatte für ihn den Vorteil, dass er sich dem Thema Glauben und Gott völlig vorbehaltlos nähern konnte.

»ICH DEFINIERE DEN BEGRIFF GOTT FÜR MICH ALS ›INTELLIGENZ DES LEBENS‹.

Sie ist vielleicht nicht immer greifbar, aber in Momenten, in denen man achtsam und still genug ist, kann man deutlich spüren, wie intelligent das Leben ist und nicht alles, was darin passiert, Zufall sein kann«, erklärt er mir.

Dieser Ansatz ist im Ayurveda ein äußerst wichtiger Aspekt. Man sieht den Menschen eben nicht alleine auf weiter Flur, sondern als Teil eines großen Ganzen. Leider ist dieses Gefühl dem modernen Menschen abhandengekommen. Veit ist aber davon überzeugt, dass das wieder besser werden wird. Das Zeitalter der Aufklärung und des Rationalismus habe mit vielen absurden, begrenzenden Mythen aufgeräumt, doch vielen Menschen leider auch die Fähigkeit des Staunens und der Demut genommen. Wobei Veit es in diesem Zusammenhang aber gut findet, dass die organisierten Religionen in ihren Dogmen erschüttert wurden. Was er jetzt bei sich und auch bei vielen anderen Menschen beobachtet, bezeichnet er als »Post-Spiritualität«. Damit meint er ein Gefühl, sich bewusster und reifer, losgelöst von einer bestimmten Religion oder von einem Dogma, wieder mit dem großen Ganzen verbinden zu wollen.

Wobei er natürlich einräumt, dass ein Gros der Menschen schon noch ganz anders tickt. In diesem Zusammenhang zitiert er den amerikanischen Autor Ken Wilber, der von der »spirituellen Flachland-Szene« spricht. Er meint damit eine am Materialismus ansetzende, relativ leidfreie und übersättigte Gesellschaft, die sich aus allem ein bisschen herauspickt – schöne, angenehme Dinge, die nicht weh tun und schnelle Erleuchtung versprechen.

Veit erlebt dagegen aber immer mehr Menschen, die eine ernsthafte, aufrichtige Tiefe suchen, und an dieser Stelle können seiner Meinung nach auch die reinen Ursprünge der klassischen Religionen den Menschen echte Werte schenken. Denn Begriffe wie Demut, Dienen und Disziplin sind dort elementare Bestandteile, und gerade Disziplin ist unerlässlich auf der spirituellen Suche.

In diesem Zusammenhang sieht er sich im positiven Sinne als guter »Verführer«, der die alten Werte mit konstruktiv-kritischem Denken und zum Beispiel der Neurowissenschaft kombiniert, und dieses Wissen in einer praktikablen, alltagsnahen Weise an Menschen weitergibt. Und das Ganze in dem vollen Bewusstsein, dass es durchaus ein langer Weg hin zu einer tiefgreifenden Veränderung werden kann, zu dem auch schmerzvolle Erfahrungen gehören. Natürlich ist niemand scharf darauf, aber zur menschlichen Existenz gehören dunkle Erfahrungen wie Schmerz und Ohnmacht nun mal dazu. Wenn man diese aber annimmt, werden sie zu einem reinigenden Feuer. Sie verbrennen Illusionen und legen offen, wer man wirklich ist. Aus seiner tiefen Wertschätzung für die Kostbarkeit eines menschlichen Lebens heraus hat er gemeinsam mit seiner Frau *HUMAN TRUST* (www.humantrust.com) gegründet, ein Netzwerk für Menschen, die mehr aus ihrem Leben machen wollen. Mit seinem 365-Tage-Coaching-Programm ermutigt er die mittlerweile über 6000 Menschen, ähnlich rituell wie beim täglichen Zähneputzen jeden Tag etwas für Geist und Seele zu tun. Und zwar nicht alleine, sondern im Bewusstsein, mit anderen Menschen verbunden zu sein.

Was mir daran sehr sympathisch ist, ist die Tatsache, dass er keine schnellen Heilversprechungen macht und die Teilnahme an diesem Netzwerk auch für Normalsterbliche bezahlbar und kein elitäres Erleuchtungssanatorium für die oberen Zehntausend ist.

Auf meine Abschlussfrage, was er den Menschen in seinen Seminaren und auch den Lesern dieses Buches mitgeben möchte, hat er nur eine Antwort: »Stille! Ich bin davon überzeugt, dass wir auf Zeiten zusteuern, in denen Stille lebensnotwendig sein wird. Keine akustische Stille, sondern ›innere Stille‹, in der jeder sein Ritual finden muss, um wenigstens einmal am Tag 15 Minuten komplett runterzufahren.« Gar kein so schlechter Gedanke in unserer lauten »Höher-schneller-weiter«-Welt.

Mich interessiert auch ganz speziell Veits Antwort auf die Frage: »Was und wie viel sollte ich essen?« Auch in dieser Hinsicht findet man Parallelen zum Ayurveda: »Wenn ich achtsam mit mir selbst bin und einen genauen Blick auf das Büfett werfe, spüre ich eigentlich, was mir guttut.

MEIN ULTIMATIVER DURCHBRUCH IN SACHEN ERNÄHRUNG WAR EIN GUTES UND GRÜNDLICHES KAUEN.

Wer sich dafür Zeit nimmt, schmeckt, was wertvoll ist, und spürt, wann es reicht.« Klingt unfassbar banal, aber Veit hat völlig recht. Das Leben ist manchmal fast zu einfach, um wahr zu sein.

Auch der Gedanke des Einfachen deckt sich mit der Einstellung des Ayurveda zum Thema Frühstück. Für viele Menschen stellt ein warmes Frühstück offenbar eine große Herausforderung dar. Da unser Stoffwechsel aber, ähnlich wie wir, morgens auch oft noch ein bisschen verschlafen daherkommt, sollte man energetisch fette Brocken vermeiden. Wie schon an anderer Stelle in diesem Buch beschrieben, brennt morgens nur ein kleines Verdauungsfeuer in uns. Extreme »Energieräuber« sind deshalb zum Beispiel »nasse Holzscheite« in Form von: Joghurt, Quark, kalter Milch oder kalten und sauren Früchten, Bananen, ungekochtem Getreide, Nussmus oder -pasten.

Deshalb meine ganz simple Empfehlung: kleine Flamme, kleiner Topf, wie beim Kochen auch. Als Frühstücksbasis eignen sich im Prinzip alle Getreide und Gräservarianten wie Hirse, Dinkel, Hafer, Quinoa, Bulgur, Couscous, Reis, Kamut, Emmer, Weizen, Amarant etc.

Als Richtlinie: Pro Person 50–80 g des Getreides. Damit kann man fröhlich drauflosexperimentieren. Hier noch ein paar Vorschläge von mir:

HIRSE-BIRNEN-APRIKOSEN-FRÜHSTÜCK

Mit Power in den Tag

Für 4 Personen | Glutenfrei

200 g Hirse
2 Birnen
100 g getrocknete Aprikosen
1 EL Ghee
1 TL Zimt
100 g gehackte Mandeln
800 ml Wasser
Abrieb von 1 unbehandelten Orange
20 Minzblätter
1 Prise Salz
1–2 EL Honig

1. Die Hirse gut waschen und abtropfen lassen. Die Birnen waschen, entkernen und in Würfel schneiden. Die Aprikosen in Streifen schneiden.
2. Das Ghee in einem Topf erhitzen, dann Zimt, Mandeln und Hirse dazugeben und gut vermischen. Das Wasser aufgießen und 10 Minuten kochen lassen, anschließend die Hitze reduzieren, Birnen, Aprikosen und Orangenabrieb untermischen und weitere 10 Minuten ziehen lassen. In der Zwischenzeit die Minze fein hacken.
3. Den Hirsebrei zum Schluss mit Salz abschmecken, in Schälchen anrichten und mit Honig und Minze dekorieren.

FOODCHECK HIRSE:

★ Hirse kennen viele vor allem aus der Vogelabteilung in der Zoohandlung, denn dort gibt es Hirsestangen für den Hansi zu Hause. Hirse ist aber nicht nur für Vögel gut! In weiten Teilen Afrikas ist es oft das einzige Lebensmittel, das sich die Menschen dort leisten können. Dafür hat sie aber extreme Power, denn sie enthält viel Magnesium und deutlich mehr Eiweiße als andere Getreidesorten.

BASIC-GRANOLA

Am besten gleich auf Vorrat machen

Für 1,5 kg

ZUM SÜßEN

3 EL Ghee
3 TL Zimt
½ TL gemahlener Kardamom
3 EL Ahornsirup

FÜR DEN NUSSMIX

500 g gemischte Flocken, z. B. Dinkel oder Hafer
100 g gehackte Mandeln
100 g gehackte Kürbiskerne
100 g gehackte Cashewkerne
100 g gehackte Haselnüsse
50 g Leinsamen

ALS ZUGABE

3 Vanilleschoten
150 g getrocknete Maulbeeren
150 g getrocknete Cranberrys
100 g Rosinen

1. Den Backofen auf 170 °C Umluft vorheizen.
2. Das Ghee in einem Topf erhitzen, Zimt und Kardamom dazugeben und 15 Sekunden anschwitzen, dann den Ahornsirup dazugeben, gut verrühren. In der Zwischenzeit alle Zutaten für den Nussmix in einer Schüssel miteinander vermengen. Die Ghee-Mischung darübergeben und kräftig durchrühren.
3. Alles auf zwei Backblechen verteilen und etwa 20 Minuten im vorgeheizten Ofen goldbraun rösten. Dabei ab und zu durchmischen, damit nichts anbrennt. Anschließend in eine Schüssel füllen und etwas auskühlen lassen.
4. Zum Schluss die kompletten Vanilleschoten fein hacken und mit den Trockenfrüchten unter die Flocken mischen.
5. In einer luftdichten Box aufbewahrt hält sich das Granola mehrere Wochen.
6. Dieser Mix ist eine gute Basis für ein warmes Frühstück, einfach heiße Flüssigkeit (Milch in allen Varianten oder Wasser) darübergeben und nach Wunsch 1 Apfel oder 1 Birne dazureiben.

FOODCHECK MAULBEEREN:

★ Ich liebe Maulbeeren als Alternative zu Rosinen in Studentenfutter. Die kleinen Beeren sind auch echtes Superfood. Sie enthalten große Mengen an Antioxidantien , vor allem an Resveratrol. Das ist ein Stoff, der auch in der Schale von Trauben sitzt, mit dem sich die Frucht gegen Schimmelbefall schützt und der sich sehr positiv auf die Blutgefäße auswirkt und zudem Gefäßverschluss vorbeugt.

ZUCCHINI-FEIGEN-TALER MIT PFLAUMEN-INGWER-KOMPOTT

Für die salzig-scharfe Fraktion

Für etwa 20 Taler

Glutenfrei

FÜR DIE TALER

1 Zucchini
4 getrocknete Feigen
200 g Kichererbsenmehl
80 ml Wasser
2 EL Kokosraspel
½ TL gemahlener Kardamom
1 TL Zimt
1 TL Salz
1 TL Rohrzucker
½ TL Natron
neutrales Öl zum Ausbacken

FÜR DAS KOMPOTT

500 g Pflaumen
1 EL Ghee
2 EL fein gehackter frischer Ingwer
1 TL Amchur (Mangopulver), in 100 ml Wasser aufgelöst
2 EL Rohrzucker
1 Prise Salz

1. Für die Taler zuerst die Zucchini waschen, grob reiben und die Feigen in Streifen schneiden.
2. Mit den restlichen Zutaten in eine Schüssel geben und zu einem geschmeidigen Teig verarbeiten. Das Öl in einer Pfanne erhitzen, etwa 1 gehäuften Esslöffel Teig ins Öl geben und die Taler von jeder Seite goldbraun ausbacken.
3. Für das Kompott die Pflaumen waschen, entsteinen und grob hacken. Dann das Ghee in einer Pfanne erhitzen und den Ingwer darin glasig dünsten. Pflaumen, Amchur und Zucker zugeben, und alles unter gelegentlichem Rühren für 20 Minuten einköcheln lassen.
4. Die Taler auf einer Platte anrichten und mit dem Pflaumen-Ingwer-Kompott servieren.

FOODCHECK KOKOS:

★ Kokosnuss verleiht vielen Speisen einen angenehm exotischen Touch. Man sollte aber etwas sparsam damit umgehen, denn die Kokosnuss ist ein sprichwörtlich ziemlich fetter Holzklotz für unser Verdauungsfeuer. Der Körper kann das Fett der Kokosnuss viel schlechter aufnehmen als andere Fette. 100 g Kokosnuss enthalten fast 40 Prozent Fett, ein großer Teil davon sind gesättigte Fettsäuren. Im Ayurveda verwendet man Kokosfett aufgrund seiner schweren Eigenschaften nur selten zum Kochen. Vielmehr nutzt man es zur äußeren Anwendungen, zum Beispiel als Haar- oder Hautöl.

HERZHAFTE KICHERERBSEN MIT ROSMARIN-JOGHURT

Für alle, die sonst auf Rühreier mit Speck stehen ...

Für 4 Personen  Glutenfrei

1 rote Paprikaschote
2 Rosmarinzweige
50 g schwarze Oliven, entsteint
6 EL Olivenöl
1 TL Kurkuma
2 TL Garam Masala
⅓ TL Asafoetida
300 g Kichererbsen (Abtropfgewicht)
250 g Naturjoghurt
2 EL Kokosraspel
2 TL Salz
1 Bund Petersilie

1. Die Paprikaschote waschen, entkernen und in Würfel schneiden. Die Rosmarinnadeln abstreifen und fein hacken. Die Oliven grob hacken.
2. Olivenöl in einer Pfanne erhitzen, Kurkuma, Garam Masala und Asafoetida dazugeben und 20 Sekunden anschwitzen.
3. Dann Kichererbsen und Paprikawürfel dazugeben, 8 Minuten andünsten, etwas abkühlen lassen und mit Salz würzen, in einer Schüssel anrichten. Joghurt, Rosmarin, Oliven und Kokosraspel dazugeben und gut mischen. Die Petersilie hacken und darüberstreuen.

FOODCHECK KICHERERBSEN:

★ Kichererbsen sind kleine Energiebomben, auf 100 g kommen etwa 26 g Eiweiß. Ganz besonders mag ich auch Kichererbsenmehl, da es sehr vielfältig einsetzbar ist, zum Beispiel für herzhafte und süße Speisen. Allerdings sollten Menschen mit einer *Vata*-Konstitution Kichererbsen eher sparsam einsetzen. Hier ist Mung Dal (gelbe Mung-Bohnen) besser geeignet.

Paul – der Mensch hinter den Sternen

Ein Besuch in der Profiküche

Obwohl ich mit vollem Bauch und gesättigtem Herzen von Veits Tisch aufstehe, freue ich mich trotzdem sehr auf meinen nächsten Anlaufpunkt: die Küche des *Brenners Park-Hotel* in Baden-Baden. Dort treffe ich meinen alten Bekannten Paul Stradner, einen mit zwei Sternen gekrönten Küchenchef.

Ich kenne Paul aus der Zeit meines Praktikums bei Harald Wohlfahrt in der *Schwarzwaldstube* in Baiersbronn; Paul war damals der Chef am Fischposten. Auch wenn ich nicht lange dort war, hatten wir schnell einen guten Draht zueinander. Ich mag Menschen, die nicht laut sein müssen, um zu zeigen, dass sie da sind. Paul ist so ein Typ. Er quatscht nicht viel, er macht einfach – ein Typ mit ordentlich viel Power. Das musste ich schmerzlich erfahren. Denn er ist oft nachts nach dem Abendservice noch eine Runde joggen gegangen. Einmal hab ich ihn begleitet; er war leicht und federnd unterwegs und ich, na ja, eben nicht ganz so leicht und federnd. Die Jungs in den Sterneküchen dieser Welt sind schon ein eigenes Völkchen für sich: ziemlich verrückt, ziemlich kreativ und echte Arbeitstiere. In einem Restaurant wie der *Schwarzwaldstube*, die auch noch Mittagsservice anbietet, kann leicht mal ein 16- bis 18-Stunden-Tag die Normalität sein. Das stört aber scheinbar auch niemanden. Ich für meinen Teil kann sagen, dass ich die Zeit in der *Schwarzwaldstube* als etwas Rauschhaftes erlebt habe. Man taucht morgens um sechs Uhr ein und nachts gegen 24 Uhr wieder auf und war zwischendrin in einem einzigen »Kochrausch«. Abgesehen davon ist es auch eine einmalige Atmosphäre, in einer ziemlich kleinen Küche mit einem der weltbesten Köche zu stehen. Umgeben von Jungs, von denen man weiß, dass die meisten selbst bald Sterneköche sein werden. Auch Paul war ein solcher Kandidat. Als Küchenchef im *Brenners Park-Restaurant* hat er sich innerhalb von zwei Jahren zwei Sterne erkocht! Ich prophezeie einfach mal, dass es nur eine Frage der Zeit ist, bis der dritte dazukommt. Heute treffe ich mich mit ihm auf ein Gespräch in seinem Reich:

V: Paul, war es schon immer dein Wunsch, Koch bzw. Sternekoch zu werden?

P: Kochen war schon früh ein großes Hobby von mir, aber dass es auch mein Beruf werden kann, wurde mir erst im letzten Moment klar. Als ich Mitte der 90er Jahre mit der Ausbildung begonnen hatte, war der Ausdruck »Sternekoch« in Österreich – wo ich herkomme – noch nicht verbreitet. Ich wusste aber während der Ausbildung schnell, dass ich in den besten Küchen des Landes arbeiten möchte.

V: Du bist ja – wie viele andere auch – ein klassischer Wohlfahrt-Schüler. Was meinst du, warum gerade er so viele Sterneköche wie kein anderer ausgebildet hat?

P: Wohlfahrt ist harte Schule ohne Kompromiss. Wer sich in seiner Küche behaupten will, braucht viel Disziplin und Leidenschaft zum Beruf, was einen auch nach der Zeit in der *Schwarzwaldstube* weiterbringt und zum Erfolg verhilft.

V: Auf der einen Seite werden Köche wie Popstars gefeiert, aber zu Hause gibt es dann oft Fertigprodukte. Woran, meinst du, liegt das?

P: Ich glaube, das größte Manko liegt in der Zeit. Jeder hat heute große Freizeitansprüche und möchte jedem Trend nachgehen. Da bleiben leider oftmals die wesentlichen Dinge des Lebens, wie einfach gutes Essen, auf der Strecke.

V: Es gibt ja in der Kochszene immer mal wieder verschiedene Trends. Aktuell ist »Veggie« und »Vegan« extrem angesagt. Spürst du das auch, und kann ich bei dir auch ein reines »Veggie-Menü« bekommen?

P: Ja, das spüre ich in meinem Restaurant auch. Deshalb bieten wir unseren Gästen das ganze Jahr über ein vegetarisches Menü an. Wer bei uns einen Tag im Voraus reserviert, dem servieren wir auch gerne ein rein veganes Menü.

V: Viele Köche stehen ziemlich im Dunkeln, wenn man ihnen Fleisch und Fisch wegnimmt. Wie ist das bei dir? Wie stehst du zu dem Thema?

P: Ich glaube, lange Zeit war das Problem, dass nicht das »Besondere« im Bereich Gemüse auf dem Markt verfügbar war. Heute bemüht man sich dagegen wieder, zum Beispiel alte Gemüsesorten usw. anzupflanzen und zu vermarkten. Das setzt wiederum neue Impulse in der vegetarischen Küche

und verschafft den Köchen neue Blickwinkel. Aber auch die größere Bereitschaft der Menschen, auf Fleisch oder Fisch zu verzichten, hat es ermöglicht, in diesem Bereich der Küche wieder einen Schritt weiter zu gehen.

V: Wo siehst du die neuen Strömungen in der Gastronomie? Was wird kommen, was ist eher out?

P: Bei all der Hektik, die es heute gibt, wird es immer wichtiger werden, dass sich die Menschen Zeit für Entschleunigung nehmen. Genau in diesem Punkt wird die Gastronomie in Zukunft den Gästen viel bieten müssen, um den Gast aus seinem Alltag der ständigen Erreichbarkeit zu holen und ihm ein gutes Lebensgefühl zu vermitteln.

V: Im Ayurveda geht es viel um die Achtung und Wertschätzung von Lebensmitteln. Spielt das für dich auch eine Rolle, wenn du ein Stück Fleisch in der Pfanne hast, oder ist es vor allem eine Bereicherung deiner Karte?

P: Die Wertschätzung der Produkte ist eines meiner grundlegendsten Themen in der Küche. Ich spreche es immer wieder an und versuche den Gedanken zu vermitteln. Leider ist bei einem Großteil der Bevölkerung der Preis von Lebensmitteln wichtiger als die Herkunft.

V: Du hast ja einen ziemlich stressigen Tagesablauf. Was tust du für dich, um zu entspannen?

P: Ich versuche immer ein wenig Sport zu machen, was mir leider nicht so regelmäßig gelingt, wie ich es möchte. Aber am besten entspanne ich bei verschiedenen Aktivitäten mit meiner Familie, die auch gerne immer kulinarisch sein dürfen.

V: Was ist denn deine Vision für die Zukunft? Auf jeden Fall der dritte Stern, oder kannst du dir auch vorstellen, später einfach mal nur einen kleinen eigenen Laden mit ein paar Tischen zu haben?

P: Obwohl ich versuche, einen geradlinigen Weg zu gehen, trage ich trotzdem den Gedanken mit mir »Sag niemals nie«. Wichtig ist mir dabei aber immer, dass es mir und meiner Familie gutgeht und dass es eine ständige Weiterentwicklung gibt.

PÜREE VON DER URKAROTTE MIT FINGERMÖHREN, GRAUBROTERDE, KORIANDER-SCHAUM UND GOLDENES WACHTELEI

So schmecken Sterne – nicht für jeden Tag

Für 4–6 Personen

PÜRRE VON DER URKAROTTE

1 kg Urkarotten
300 ml Gemüsefond
125 g Butter
200 ml Sahne
etwas Salz und frisch gemahlener schwarzer Pfeffer

Alle Zutaten miteinander vakuumieren und 90 Minuten bei 90 °C dampfgaren. Dann aus dem Beutel nehmen, in einen Topf geben und nochmals kurz vollständig weich garen. Im Thermomix zu einem glatten Püree verarbeiten.

FINGERMÖHREN

6 Fingermöhren
2 EL Gemüsefond
10 g Butter
etwas Salz

Die Fingermöhren putzen und in Stücke von etwa 5 cm Länge zurechtschneiden. Dann mit leichtem Biss in Salzwasser kochen, abschrecken und vor dem Servieren mit Gemüsefond und Butter glacieren. Zum Schluss mit Salz abschmecken.

GRAUBROTERDE

500 g Graubrot ohne Rinde
100 g Ghee
1 EL Malzmehl
etwas Salz

Das Graubrot in kleine Stücke schneiden und im Ghee zu knusprigen Croûtons rösten. Dann auf Küchenpapier geben und so lange warten, bis der Großteil des Fettes abgetropft ist. Mit einem Mixer zu kleinen, nicht allzu feinen Krümeln mixen. Das Malzmehl unter die Krümel mischen und mit Salz abschmecken.

KORIANDERPASTE FÜR DEN KORIANDERSCHAUM

1 kg frischer Koriander mit Stielen
125 g Butter

Den frischen Koriander in kochendem Wasser blanchieren, dann in Eiswasser abschrecken, gut ausdrücken und in Pacojet-Behälter pressen. Einfrieren und vor dem Gebrauch mindestens zweimal pacossieren.

KORIANDERSCHAUM

400 ml Gemüsefond
100 g Butter
1,5 g Sojalecithin
2–3 EL Korianderpaste (s. o.)

Den Gemüsefond mit Butter und dem Lecithin aufkochen. Die Sojapaste mit Hilfe eines Mixstabes untermixen und, wenn nötig, durch ein feines Sieb passieren. Vor dem Anrichten nochmals mit dem Stabmixer aufschäumen.

GOLDENES WACHTELEI

1 Wachtelei
wenig lebensmittelechtes Goldpulver

Das Wachtelei in kochendem Wasser exakt 1 Minute und 45 Sekunden abkochen. Dann in Eiswasser abschrecken, schälen und mit dem Goldpulver färben.

GARNITUR

glatt gerührter Schmand
Korianderkresse

Alle Bestandteile auf dem Teller anrichten und mit etwas Schmand und Korianderkresse garnieren.

RUDI ODER DIE »LEISE« LEIDENSCHAFT

Es geht auch ohne Schampus

Nach einer entspannten Nacht in einer kleinen Pension – das *Brenners Parkhotel* wird es dann vielleicht beim nächsten Buch – mache ich mich am nächsten Morgen nach einer Runde Sonnengrüße auf dem Balkon auf den Weg in Richtung Bayern. Vorbei an Stuttgart und Ulm stimme ich mich mit *Kings of Leon* und den *Söhnen Mannheims* im Ohr auf meinen Abstecher nach München ein. Dort möchte ich mich mit Rudi Kull treffen. Er ist ein extrem erfolgreicher Gastronom, der aber mit beiden Beinen auf dem Boden geblieben ist und sich im wahrsten Sinne des Wortes immer wieder »erdet«, um in seinem Alltag zu bestehen. Das hat mich neugierig gemacht, und so sitze ich heute im Auto in die bayrische Hauptstadt, um in einem seiner Restaurants ein bisschen über sein Leben zu erfahren.

Wenn man die Augen schließt und sich einen der erfolgreichsten Gastronomen Deutschlands vorstellt, noch dazu aus München, was kommt einem dann wahrscheinlich zuerst in den Sinn? Ich behaupte mal, man unterstellt das typische Münchner Bussi-Bussi-Kir-Royal-Schickeria-Image. Das muss bestimmt ein Typ sein, der im Ferrari mit armdickem Auspuff die Maximilianstraße auf und ab fährt, am besten noch mit einer 20 Jahre jüngeren Freundin Marke Spielerfrau auf dem Beifahrersitz. Ich muss zugeben, dass es mir vor meiner ersten Begegnung mit Rudi Kull genauso ging. Aber weit gefehlt! Nachdem ich Rudi vor sechs Jahren zum ersten Mal persönlich kennenlernte, musste ich mein Bild ganz schnell revidieren.

Es war – nicht gerade typisch – in einem Yoga-Studio in der bayerischen Hauptstadt, in dem ich für einen Workshop als Koch gebucht war. Da stand auf einmal ein supersympathischer Typ vor mir und hat eine Schale Dal gekauft.

SÜßER DAL

Meine erste Begegnung mit Rudi

Für 4 Personen  Glutenfrei

250 g Mung Dal
(gelbe Mung-Bohnen)
8 getrocknete Datteln
2 EL Ghee
1 EL frischer gehackter Ingwer
5 EL Kokosflocken
2 EL Rohrohrzucker
8 Curryblätter
1 TL gemahlener Kreuzkümmel
1 TL Kurkuma
2 TL Zimt
¼ TL Asafoetida
1 l Gemüsebrühe
Salz

1. Zuerst das Mung Dal gut waschen. Dann die Datteln entkernen, in Streifen schneiden und zur Seite stellen.
2. Das Ghee in einem Topf erhitzen, Ingwer, Kokosflocken und die Gewürze dazugeben und 3 Minuten andünsten.
3. Das Mung Dal dazugeben, mit der Gemüsebrühe aufgießen und alles 30 Minuten köcheln lassen. Erst kurz vor Schluss die Dattelstreifen untermischen und mit Salz abschmecken.

FOODCHECK DAL:

★ Dal ist DAS Ayurveda-Rezept schlechthin, denn Mung Dal, also die gelbe Mung-Bohne, ist die Hülsenfrucht, die am wenigsten vom Luftelement erhält. Das heißt, *Vata* wird nicht erhöht, zugleich ist das Gericht super nahrhaft und eine hervorragende Eiweißquelle. Aber bitte beachten: Alle Gerichte mit Hülsenfrüchten tendenziell eher mittags zu sich nehmen, denn für manche Menschen sind sie nicht so einfach zu verdauen, und abends ist das Verdauungsfeuer immer schwächer.

Ein Bekannter fragte mich, ob ich jenen kenne. Ich hatte natürlich keine Ahnung, dass dieser bescheidene Mann der Besitzer von zehn gastronomischen Betrieben in München ist.

Das Gute war, dass ihm offenbar mein Dal geschmeckt hat. Denn er fragte mich spontan, ob ich nicht Lust hätte, ein veganes Frühstück für eines seiner zu dieser Zeit gerade neu eröffneten Hotels zu entwickeln – wohlgemerkt, das war, lange bevor der allgemeine Hype um das Thema begann. Selbstverständlich hab ich das Angebot sofort angenommen.

Seither laufen wir uns alle paar Monate über den Weg, und immer wieder fällt mir auf, wie höflich, zuvorkommen und bescheiden Rudi ist. Und das über all die Jahre hinweg, in denen er mit seinen Unternehmen immer erfolgreicher geworden ist.

DAS ATTRIBUT »BESCHEIDEN« IST DAS ERSTE, WAS MIR EINFÄLLT, MÜSSTE ICH RUDI BESCHREIBEN.

In den Ohren der meisten klingt »bescheiden« oft nach Einschränkung, oder man denkt gleich an »unscheinbar«. Für mich allerdings ist die Bescheidenheit durchweg positiv belegt, denn eine solche Person hat für mich die Gewissheit, wann sie satt und zufrieden ist. Man hat den Eindruck, Rudi ist ein zutiefst in sich ruhender Mensch, der zwar weiß, was er will, aber nicht um jeden Preis.

Wie schon mal erwähnt, empfiehlt man im Ayurveda, nur so viel Essen zu sich zu nehmen, wie in zwei zu einer Schale zusammengelegte Hände passt. Das ist völlig ausreichend und gilt auch für andere Lebensbereiche: Irgendwann kommt der Punkt, an dem man einfach nicht mehr braucht, um glücklich zu sein, sonst setzt man bildlich gesehen unnötigen »Speck« an.

Und an diesem Punkt steht Rudi jetzt in seinem Leben. Mit zehn Läden und über 500 Angestellten ist er da angekommen, wo er hinwollte, und hat begriffen, dass er in jeder Hinsicht »gesättigt« ist.

Bis es aber so weit war, mussten einige Stationen durchlaufen werden. Aufgewachsen ist Rudi in Ingolstadt, dort erkannte er aber schnell, dass dieser Ort – ohne den Ingolstädtern nahetreten zu wollen – nicht gerade zu den Hotspots Deutschlands gehört. Als Jugendlichen hat ihn aber eine Bar in der Stadt ganz besonders fasziniert, weil dorthin die coolen Jungs gingen und die besten Mädels abgriffen. So etwas wollte er später auch haben. Deshalb stand für ihn fest: Dazu muss ich raus aus Ingolstadt! Also ging es in die weite Welt über den Großen Teich nach Amerika, wo er das Glück hatte, sowohl in L.A. als auch in New York in den jeweils angesagtesten Promiläden direkt Jobs zu finden. Vom Spülen übers Kochen bis zum Service war alles dabei, was die Gastronomie so zu bieten hat.

Mit Mitte 20 hatte er dann endlich die nötige Erfahrung im Gepäck, und so fiel nach seiner Rückkehr die Wahl auf München, um sich dort niederzulassen und seinen Jugendtraum zu verwirklichen.

Zusammen mit seinem heutigen Geschäftspartner Albert Weinzierl eröffnete er 1996 das *Buffet Kull* in der Münchner Innenstadt. Und das zu einer Zeit, in der die Innenstadt als gastronomisch tot galt. Man mag es als ein wenig blauäugig bezeichnen, aber Rudi dachte sich, mit dem Hofbräuhaus ums Eck werden schon ein paar Touris kommen. Am Anfang hat er vom Service über den Einkauf und die Buchhaltung alles selbst gemacht, nur einen Koch hatte er angestellt.

Aber es kamen nicht nur ein paar Touristen. Nach noch nicht einmal einem halben Jahr schrieb er schwarze Zahlen und legte damit das Fundament für seinen Erfolg. Bis heute ist er ein absoluter Bauchtyp geblieben. Das, was damals als blauäugig erschien, hat ihn zum Erfolg geführt.

Sein Gefühl für gute Energien nutzt er auch in seiner täglichen Arbeit und hat zum Beispiel bei der Einrichtung eines seiner Hotels, des *Cortiina*, die Lehre des Feng-Shui mit einbezogen. Wer sagt, dass sich das toughe Geschäftsleben nicht mit ein wenig Spiritualität verträgt?

SEINE LIEBSTEN FÄLLE SIND DIE, VON DENEN DIE LEUTE SAGEN, ES GEHT NICHT.

Vielleicht verstehen wir uns deshalb so gut, weil er das oft ganz anders sieht. Da sind wir Brüder im Geiste.

Schon seit langem ist im Ayurveda klar, dass die Gesundheit in engem Zusammenhang mit unserem Bauch steht. Schon alleine der gesunde Menschenverstand sagt uns, wenn uns etwas sprichwörtlich »schwer im Magen liegt« oder unser Bauchgefühl vor Entscheidungen oft Alarm schlägt. Im Ayurveda hat die Lebensenergie ihren Sitz im Bauch, alle Energiebahnen fließen dort zusammen. Nach fernöstlicher Auffassung ist der Bauch unser Zentrum, deshalb gibt es sehr viele traditionelle Körper- oder Meditationsübungen, die die Körpermitte stärken sollen.

Ist dieser Energiefluss blockiert, kann es zu echten Problemen kommen. Nicht umsonst bezeichnet man die Nervenbahnen im Magen-Darm-Trakt, die aus den gleichen Zelltypen wie die des Gehirns bestehen, als »Bauchgehirn«. Es gibt Wissenschaftler, die sogar Depressionen auf eine Fehlfunktion der Bauchhirnzellen zurückführen.

Deshalb ist es extrem wichtig für uns, den Kontakt zu unserer »Mitte« nicht zu verlieren. Spürt man Blockaden – sei es durch unverdautes, schweres Essen oder auch unverdaute emotionale Eindrücke –, sollte man schnell Abhilfe schaffen. Entweder durch Anpassung seiner Ernährung oder aber durch eine schnelle »Klärung« der Probleme. Das sollte man nicht auf die lange Bank schieben, denn so schafft man sich auch diesen »Klops« aus dem Magen.

Ist der Energiefluss in unserem Bauch wieder frei, können wir wieder ganz unbelastet spüren, was richtig und gut für uns ist.

Aber wie entspannt so ein Mann? Wie findet er Erdung und Verwurzelung, um sich ganz auf sein Bauchgefühl verlassen zu können? Denn neben seinen Läden ist Rudi auch noch dreifacher Familienvater! Er hat drei ganz persönliche Dinge, die er in seinem Alltag für sich umsetzt:

1. Sonntags geht er immer mit seiner Familie in den Gottesdienst. Das sind seine Wurzeln. Damit ist er aufgewachsen. Das gibt ihm Halt und Kraft. Als Sohn eines Küsters kommt mir das natürlich bekannt vor, und es freut mich besonders, noch jemanden zu erleben, der in dem Geist für alles offen ist, aber genau weiß, was ihn hält und wo er herkommt.
2. Er macht regelmäßig Yoga. Das entspannt ihn, lässt ihn abschalten und hält Körper und Geist flexibel.
3. Er legt sich jeden Tag einen Termin in seinen Kalender, auf den er sich freut.

Für Rudi sind es drei Dinge, die es schaffen, ihn fest im Sattel zu halten. Aber es gibt ein paar grundsätzliche Verhaltensweisen, die in Sachen Ernährung helfen, sich zu erden und im Gleichgewicht zu bleiben:

1. **Schaff dir Rituale, wie zum Beispiel jeden Abend mit Familie oder Partner gemeinsam am Tisch zu essen – nicht einer vor dem Fernseher, einer mit dem Laptop vor dem Gesicht und einer im Keller. Solche Fixpunkte sind wichtig, um nicht die Erdung zu verlieren.**
2. **In jeder Mahlzeit sollte eine »erdende«, süße Basis vorhanden sein. Bitte nicht falsch verstehen, damit ist nicht Zucker oder Ähnliches gemeint, sondern hochwertige Kohlenhydrate in Form von Getreide und Gemüse.**
3. **Auch in der Ernährung ist es wichtig, ein »Gleichgewicht« zu halten. Das heißt, auf einen ausgewogenen Geschmack zu achten. Jede Nahrung sollte deshalb aus den sechs Geschmacksrichtungen süß, sauer, salzig, scharf, bitter und zusammenziehend bestehen.**

Zum Schluss unseres Gesprächs frage ich ihn noch, was er jemandem raten würde, der ihn um eine Empfehlung für ein entspanntes Leben bittet. Nach längerem Überlegen schaut er mich an und empfiehlt schlicht und einfach eine leise Leidenschaft.

»WENN DU DINGE UMSETZEN UND ZIELE ERREICHEN WILLST, MUSS ES NICHT IMMER LAUT SEIN, VIEL ECHTES HERZBLUT UND LEISE LEIDENSCHAFT SIND VIEL HEILSAMER.«

Im Klartext heißt das: Wer ganz ohne großes Getöse, aber beharrlich an seinen Zielen festhält, ganz im Vertrauen, dass es das Leben schon gut mit einem meint, der kommt sicher besser ans Ziel als jemand, der sich verbissen und mit starken Ellbogen durchs Leben kämpft. Ein besseres Schlusswort kann es für den bescheidenen Kämpfer Rudi Kull nicht geben.

Da Rudi, ich nenne ihn jetzt mal den Zen-Gastronomen, in seiner Art fast monastische Züge und dazu noch ein großes Faible für die asiatische Küche hat, fallen meine Rezepte für ihn sehr klar und reduziert aus:

EINFACHE MAISSUPPE

Die Kunst liegt in der Einfachheit

Für 4 Personen  Glutenfrei

500 g Maiskörner (vorgekocht oder aus dem Glas)
1 l heiße Gemüsebrühe
1 kleines Bund Schnittlauch
1 EL frischer gehackter Ingwer
3 Eiweiß
Salz und frisch gemahlener schwarzer Pfeffer

1. 300 g der Maiskörner mit 600 ml Gemüsebrühe mit Hilfe eines Mixstabes grob pürieren. Den Schnittlauch in dünne Röllchen schneiden und zur Seite stellen.
2. Den restlichen Mais in der übrig gebliebenen Gemüsebrühe etwa 5 Minuten erhitzen, dann den Ingwer zugeben. Das Eiweiß cremig rühren, aber nicht steif schlagen!
3. Dann den pürierten Mais zur Brühe geben, nochmals heiß werden lassen und zwei Drittel der Eischneemasse darunterziehen. Mit Salz und Pfeffer abschmecken. Die Suppe in Schalen verteilen, mit dem restlichen Eischnee sowie den Schnittlauchröllchen garnieren.

FOODCHECK MAIS:

★ Der Mais ist viel zu schade, um ihn nur als Tierfutter zu verwenden. Er ist ein sehr guter Energielieferant, enthält viele Kohlenhydrate und demgegenüber wenig Fett. Daneben hilft er dank seiner Fasern, den Cholesterinspiegel zu senken. Besonders im Sommer, wenn er frisch vom Grill mit einem Schuss Ghee daherkommt, schmeckt er doppelt lecker.

KNACKIGE BOHNENSPROSSEN

Ein typisch asiatischer Zwischensnack

Für 4 Personen  Vegan • Glutenfrei

500 g Bohnensprossen
5 EL geröstetes Sesamöl
1 EL frischer gehackter Ingwer
50 g grob gehackte Erdnusskerne
1 Bund Koriander
1 Bund Schnittlauch (Klassisch wird das Gericht mit Schnittknoblauch, chinesischer Knoblauch genannt, zubereitet. Er ist allerdings nicht überall erhältlich.)
1 EL Reisessig
Salz und frisch gemahlener schwarzer Pfeffer

1. Die Bohnensprossen waschen. Das Sesamöl in einer Pfanne erhitzen, den Ingwer zusammen mit den Erdnüssen dazugeben und kräftig anbraten. Dann die Bohnensprossen dazugeben, gut vermischen und 3 Minuten erhitzen.
2. Den Koriander waschen und grob hacken, den Schnittlauch ebenfalls waschen und in Röllchen schneiden. Beides zur Sprossenmischung in die Pfanne geben und mit Reisessig, Salz und Pfeffer abschmecken.
3. Zusammen mit einer kleinen Schale Reis hat man eine einfache und nahrhafte ganze Mahlzeit.

FOODCHECK SCHNITTLAUCH:

★ Im Prinzip gilt für Schnittlauch das Gleiche wie für die Zwiebel – er erhöht das Windelement *Vata*. Wobei er etwas milder als die beliebte Knolle wirkt. Ich würde auch hier auf jeden Fall empfehlen, keine größeren Mengen davon roh zu essen. Wenn man ihn kurz vor Ende der Kochzeit zum Gericht gibt und er noch etwas Hitze abbekommt, wird sein Geschmack deutlich milder.

LAUWARMER ASIATISCHER SOMMERSALAT

Ein Muss für jede Sommerparty

Für 4 Personen  Vegan • Glutenfrei

1 Salatgurke
3 Karotten
2 Staudensellerie
1 Bund Lauchzwiebeln
4 Radieschen
2 Aprikosen (nicht allzu weich)
1 grüne Chilischote
5 EL geröstetes Sesamöl
1 EL frischer gehackter Ingwer
1 TL Jaggery-Zucker
2 EL Reis- oder Fruchtessig
Saft von 1 Orange
½ TL Salz
1 Bund Koriander

1. Die Salatgurke schälen, halbieren, entkernen und in mundgerechte Würfel schneiden. Die Karotten schälen, halbieren und in Streifen schneiden.
2. Den Sellerie ebenfalls mit einem Sparschäler schälen und in dünne Streifen schneiden. Die Lauchzwiebeln waschen und in Ringe schneiden. Die Radieschen waschen und in Würfel schneiden. Die Aprikosen waschen, entkernen und in Streifen schneiden und bis zum Schluss zur Seite stellen. Die Chilischote fein hacken
3. Das Sesamöl in einer Pfanne kräftig erhitzen (zur Orientierung: Bei meinem Herd gibt es 10 Stufen, ich würde auf 8 stellen). Ingwer und Chili hineingeben, 10 Sekunden anbraten, dann das Gemüse dazugeben und 3 Minuten schwenken. Optimal eignet sich eine richtige Wokpfanne!
4. Dann Jaggery-Zucker, Essig, Orangensaft, Salz und Aprikosenstreifen hinzufügen und gut mischen, den Koriander hacken. Den Salat auf Tellern oder einer Platte anrichten und mit Koriander bestreuen.

FOODCHECK CHILI:

★ Der Inhaltsstoff Capsaicin aus der Chilischote findet sich häufig in wärmenden Cremes oder Pflastern wieder. Bei aller therapeutischen Wirkung sollte man ihn trotzdem eher sparsam einsetzen, denn die Wirkung kann auch zu intensiv werden. Die kleinen Schoten fördern die Hitze und können schnell zu Reizungen der Schleimhäute führen. Wer aus Sicht des Ayurveda viel mit *Pitta,* also Hitzeproblemen, zu tun hat, sollte ganz darauf verzichten.

ASIA-FRUCHTSALAT VOM GRILL

Es muss nicht immer Steak sein

Für 4 Personen  Vegan • Glutenfrei

1 Papaya
1 Mango
2 Sternfrucht
1 EL Limettensaft
4 EL Orangensaft
100 g Naturjoghurt
1 EL Honig
1 EL Kokosraspel

1. Die Papaya schälen, halbieren, entkernen und in 1 cm dicke Scheiben schneiden.
2. Die Mango schälen, das Fruchtfleisch vom Kern lösen und in mundgerechte Stücke schneiden. Die Sternfrucht waschen und in etwa 0,5 cm dicke Scheiben schneiden.
3. Die Früchte in einer Schüssel mit den Fruchtsäften mischen und 30 Minuten ziehen lassen. Die marinierten Früchte auf 4 doppelte Lagen Alufolie geben und 15 Minuten auf dem Grill garen. Zum Servieren mit etwas Joghurt, Honig und Kokosraspeln bestreuen.

FOODCHECK JOGHURT:

★ Im Vergleich zu Milch ist Joghurt energetisch gesehen leichter und reagiert nicht ganz so empfindlich auf saure Früchte. Wobei ich trotzdem empfehle, auch Joghurt nicht mit sauren Früchten oder Beeren zu kombinieren. Diverse Studien haben gezeigt, dass er sehr gut bei Hefepilzinfektionen hilft. Grundsätzlich gilt aufgrund seiner kalten und schleimigen Eigenschaften auch für ihn, den Verzehr morgens zu meiden, und auch zum Abendessen sollte er nur sparsam genossen werden.

DAS NOCH ZUM SCHLUSS …

Natürlich macht man sich, wenn man ein Buch schreibt, zuvor Gedanken, was man seinen Lesern überhaupt mitgeben möchte. Ist man dann mit der Arbeit am Ende und lässt den Entstehungsprozess noch einmal Revue passieren, wird das schnell ganz emotional.

So liege ich hier auf meinem Sofa mit Blick über Wuppertal und weiß genau, in ein paar Monaten sitzt du auf deiner Couch, bist im Bett, in der Wanne oder sonst wo und schlägst dieses Buch auf. Das ist schon ein ziemlich intimer Moment. Ich will dir jetzt keine großen Lebenshilfe-Ratschläge antun – das bin ich nicht und das kann ich auch nicht wirklich. Was ich aber kann, ist, dir zu erzählen, wie verdammt intensiv und stellenweise bis zur Schmerzgrenze hart die Zeit war, in der dieses Buch entstanden ist. Es ist zwar schon mein fünftes, aber gleichzeitig das erste, das in nur vier Monaten durchgezogen werden musste. Das war eine echte Herausforderung.

Eigentlich wollte ich ganz entspannt vier Wochen am Stück durch die Lande reisen, und nebenbei sollte locker, flockig ein Buch entstehen. So weit der Plan. Aber wie es meistens so ist im Leben, kam es komplett anders. Während dieser Monate ist mir sozusagen mein komplettes (Arbeits-) Leben um die Ohren geflogen, und das zog gravierende berufliche Einschnitte nach sich. Zuerst war ich nur geschockt, dann wütend, und manchmal hätte ich nur laut schreien können. Da fiel es ganz und gar nicht leicht, alle Sorgen zu Hause zurückzulassen und einfach loszufahren. Ich habe es aber trotzdem gemacht. Und in der Rückschau kann ich aus vollstem Herzen sagen: Es war zwar hart, aber irgendwie auch heilsam! Denn im Laufe der Arbeit an diesem Buch habe ich einiges über mich selbst gelernt. Wenn man mal ehrlich ist und in sich hineinhört, spürt man ganz instinktiv, dass man schon vieles über sich und seine Natur weiß.

Ich sollte bei meinem eher sprunghaften Wesen keine langfristigen, schwer zu strukturierenden Projekte angehen und mich dann wundern, wenn es nicht funktioniert. Wenn einem der Astrologe rät, keine großen finanziellen Risiken einzugehen, ist es keine gute Idee, so schnell zu wachsen, dass man nichts mehr im Griff hat. Wenn man am liebsten sein eigenes Ding macht, sollte man nicht mit Leuten zusammenarbeiten, die einem sagen wollen, was man zu tun hat.

Es hat sich also schon abgezeichnet, dass einige meiner Entscheidungen nicht unbedingt die besten Ideen waren. Warum aber habe ich es trotzdem gemacht? Weil ich Dinge ausprobieren muss, wenn ich das Gefühl habe, dass man es gemacht haben sollte! Ich war schon immer so, warum also auf einmal nicht mehr? Es ist einfach ein Teil meiner Natur. Das anzuerkennen und sich nicht dafür zu verdammen, wenn es schiefgeht, ist schon mal ein wichtiger Punkt.

Und noch etwas: Ich wurde quasi dazu gezwungen, zu reflektieren: Welcher Typ bin ich wirklich? Was steckt in mir? Was ist echt? Das Buch sollte kein Selbstfindungstrip oder eine Art Pilgerreise werden, aber die Arbeit daran hat mich dennoch vieles gelehrt und mich mir selbst ein Stück nähergebracht. Vor allem kann ich jetzt sagen, dass inneres Wachstum nie passieren kann, wenn man innerhalb seiner Komfortzone bleibt. Ein Schweige-Workshop mit Vollverpflegung in einem idyllischen Kloster weit weg von der Welt ist zwar eine nette Abwechslung, aber nicht mehr. Nur wenn man mit beiden Füßen im Alltag steht und trotzdem versucht, sich mit seinen Abgründen zu beschäftigen, sich seinen Schwächen zu stellen, kommt man sich und seinem Kern näher.

Nicht, dass du mich jetzt falsch verstehst: Diese Zeilen sollen keine Aufforderung sein, deinen Job zu kündigen, dich scheiden zu lassen oder mal auszutesten, wie sich eine Insolvenz so anfühlt. Es soll nur eine Ermutigung sein, auch mal etwas zu wagen, tapfer zu sein und sich darauf einzulassen, seine wahre Natur zu erkennen. Und wenn man dann am Ende nicht als der große bungeejumpende Superheld dasteht, ist das auch völlig in Ordnung. Es wäre nur einfach zu schade, es gar nicht erst probiert zu haben.

Ich für meinen Teil habe auf dieser sprichwörtlichen »Reise« vieles über mich gelernt, wiederentdeckt und verstanden. Am allerwichtigsten dabei war, dass es nie ein Endziel geben wird. Man ist nie »fertig«. Ehrlich gesagt, finde ich das auch gut so. Mir wäre sonst nach ein paar Tagen schon wieder viel zu langweilig. Ich bin ein unruhiger Geist und werde es auch bleiben.

Ich habe keine Ahnung, ob dir meine Worte oder das Buch etwas geben können. Wünschen würde ich es mir zumindest und wenn es dich nur zum Schmökern, Kochen und Schmunzeln animiert hat. Ich wünsche dir auf jeden Fall von ganzem Herzen, dass du den Mut hast, dich aufs Leben, auf Ayurveda und deine wahre Natur einzulassen. Eines kann ich dir versprechen: Es lohnt sich, denn es gibt noch viel zu entdecken!

Alles Liebe
Volker

REZEPTVERZEICHNIS

REISE 1

REISE 2

REISE 3

REISE 4

REISE 5

DANKSAGUNG

Vielen Dank an all die wunderbaren Menschen, die dieses Projekt ermöglich haben! Ganz besonders an: Leonie, Uwe, Julia, Silvia, Anna, Sebastian, Paul, Claudia, Behindertenhilfe Bergstraße, Ali, Veit.

BILDNACHWEIS

Uwe Schinkel: Uwe Schinkel: S. 5, S. 17, S. 18–19, S. 20–21, S. 22–23, S. 27, S. 29, S. 30–31, S. 32, S. 34, S. 35, S.36, S. 38, S. 39, S. 45, S. 46, S. 57 o., S. 61, S. 68, S. 71, S. 76, S. 79, S. 83, S. 85, S. 89, S. 91, S. 92, S. 94, S. 96, S. 109, S. 111, S. 112, S. 119, S. 125, S. 126, S. 132, S. 147 l., S. 147 r., S. 152, S. 154, S. 161, S. 163, S. 164, S. 169, S. 171, S. 180, S. 189, S. 190, S. 191, S. 192, S. 193 l., S. 196, S. 201, S. 203, 206, 207;
Leonie Müller: S. 14 u., S. 42, S. 43, S. 49, S. 50, S. 51, S. 52 o., S. 52 u., S. 52 r., S. 53, S. 54, S. 55, S. 62, S. 63, S. 64, S. 65, S. 66, S. 67, S. 73, S. 74, S. 75, S. 80, S. 81, S. 98, S. 102, S. 103, S. 105, S. 113, S. 115, S. 117, S. 120, S. 121, S. 122–123, S. 156, S. 172, S. 173, S. 176 l., S. 177, S. 182, S. 205;
Volker Mehl: S. 138 o. l., S. 138 u. l., S. 138 u. r., S. 139, S. 148, S. 150, S. 176 r.;
Julia Bauer: S. 137, S. 138 o. r., S. 140, S. 142, S. 155, S. 165 o.;
Behindertenhilfe Bergstraße: S. 128–129, S. 130, S. 131, S. 134;
Sebastian Triebke: S. 138 u. M., S. 157, S. 158;
Veit Lindau: S. 183, S. 185;
Ali Tara: S. 195, S. 199;
Claudia Michelsen: S. 165 u., S. 167;
Anna Schwartz: S. 6;
Beach Motel/Andrea Flak Fotografie: S. 52 l.;
Paul Stradner: S. 193 r.;
Shutterstock: Diana Taliun: S. 14 o.; mexrix: S. 16, S. 48, S. 88, S. 136, S. 174; alexpro9500: S. 24 r.; Dani Vincek: S. 24 M.; Kati Molin: S. 24 l.; zoryanchik: S. 37; elena moiseeva: S. 40; Marie C Fields: S. 41; Sabino Parente: S. 44; nature10: S. 47; Anna Shepulova: S. 57 u.; JKM191: S. 59; HandmadePictures: S. 69; Yevgeniya Shal: S. 70; casanisa: S. 77; Antonova Anna: S. 78; Jiri Vaclavek: S. 86; Yulia Furman: S. 87; zkruger: S. 99; PEPPERSMINT: S. 100; Subbotina Anna: S. 118; Jack Frog: S. 124; Alena Haurylik: S. 127; Mariana Romaniv: S. 133; Ilja Generalov: S. 134 r.; graletta: S. 135; webwaffe: S. 144; violeta pasat: S. 146; Gabriel Georgescu: S. 147 u.; teleginatania: S. 153; Marina Shanti: S. 161 u.; Valentin Volkov: S. 170; Lukas Gojda: S. 181; estherpoon: alle Polaroid-Rahmen

IMPRESSUM

Besuchen Sie uns im Internet:
www.knaur-balance.de

Covergestaltung: ZERO Werbeagentur, München
Coverabbildungen: FinePic®, München; Uwe Schinkel, Wuppertal
Layout und Satz: Veronika Preisler, München
Reproduktion: Repro Ludwig Media, A-Zell am See
Druck und Bindung: Firmengruppe APPL, aprinta druck, Wemding
ISBN 978-3-426-67503-8

5 4 3 2 1